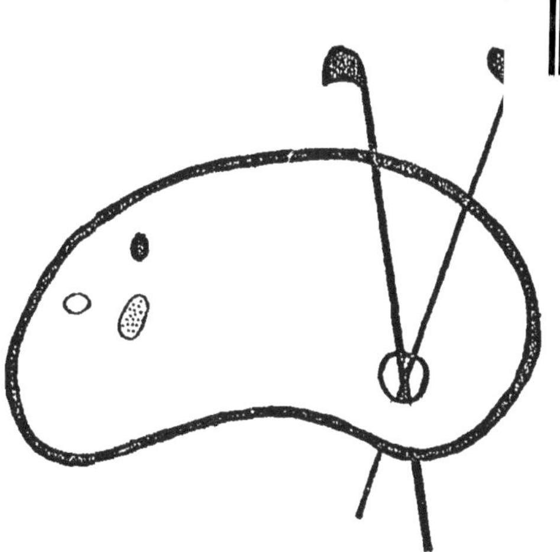

DÉBUT D'UNE SÉRIE DE DOCUMENTS
EN COULEUR

LA

TURQUIE

DEVANT L'EUROPE

PARIS

E. DENTU, LIBRAIRE-ÉDITEUR

PALAIS-ROYAL, GALERIE D'ORLÉANS, 13

1858

—— **Prix : 1 fr. 50 cent.** ——

Paris.—Imprimé chez Bonaventure et Ducessois, 55, quai des Augustins.

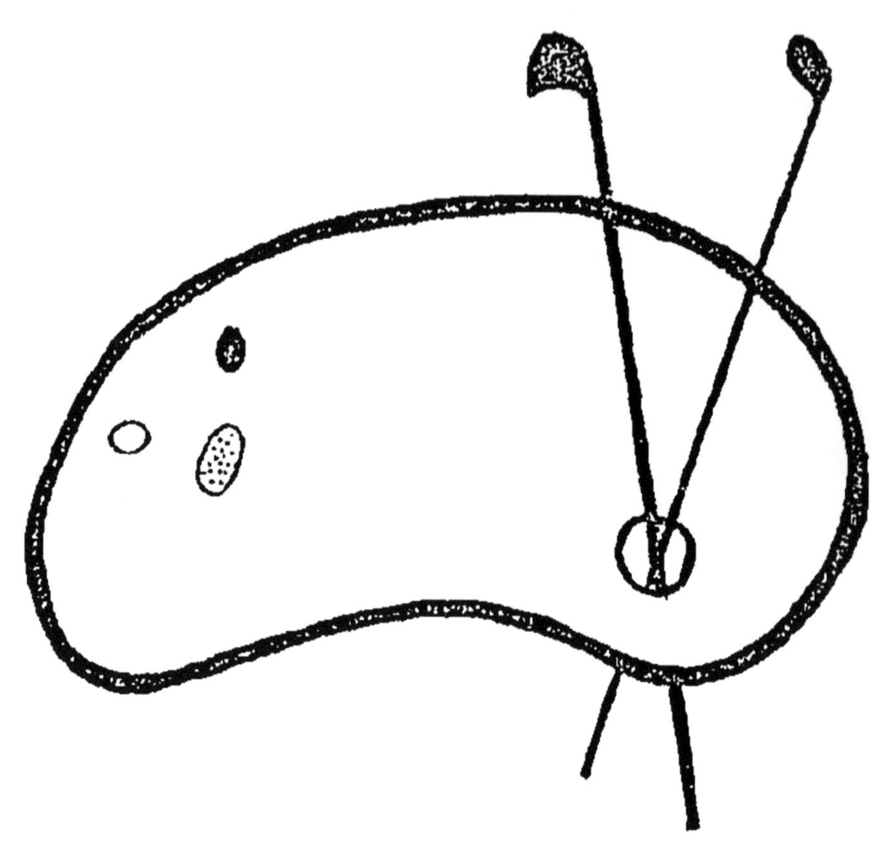

FIN D'UNE SÉRIE DE DOCUMENTS
EN COULEUR

LA

TURQUIE

DEVANT L'EUROPE

PARIS. — IMPRIMÉ CHEZ BONAVENTURE ET DUCESSOIS.
55, QUAI DES AUGUSTINS.

LA
TURQUIE
DEVANT L'EUROPE

PARIS

E. DENTU, LIBRAIRE-ÉDITEUR

PALAIS-ROYAL, GALERIE D'ORLÉANS, 13.

1858

Paris, 15 août.

L'ouverture des nouvelles conférences de Paris,

Le secret absolu gardé sur les travaux qui se sont accomplis dans leur sein,

L'ignorance dans laquelle se trouvent la presse et le public de l'attitude prise dans les délibérations par le gouvernement ottoman,

Le respect et le silence imposés à l'opinion par les circonstances mêmes,

N'ont point empêché de violentes attaques de se faire jour contre la Sublime Porte dans quelques organes de la presse et dans des publications politiques.

Les journaux dont nous voulons parler, en suivant une pareille voie, ne rendaient certainement l'expression de la pensée d'aucun gouvernement, et nous n'avons pas besoin des démentis qui leur ont été souvent donnés pour en être convaincu.

Par cela même que les Plénipotentiaires de toutes les Puissances représentées aux Conférences nouvelles se sont engagés à ne rien ébruiter au dehors, ni de la marche des questions discutées, ni des tendances diverses que ces discussions pouvaient révéler; à ne fournir, en un mot, aucun indice des dispositions générales ou particulières tendant à faire pressentir un résultat; par cela même, les Puissances se sont naturellement interdit d'utiliser l'influence de la *publicité* ou de l'opinion pour soutenir, par voie de discussion ouverte, la politique suivie par chacune d'elles.

Dès lors, aucun article de journal ne peut avoir d'importance réelle ou absolue; aucune de ces publications, destinées plutôt à satisfaire des intérêts particuliers qu'à éclairer les situations avec impartialité et élévation d'esprit, ne peut avoir de portée réelle.

Si donc l'on se plaçait à ce point de vue, il n'y aurait à s'inquiéter en aucune manière des fausses appréciations et des erreurs propagées par la presse depuis quelque temps; il n'y aurait pas à y répondre.

Ceux dont la plume n'a point été arrêtée par l'ignorance dans laquelle ils se trouvent de la marche des délibérations ouvertes, par l'impuissance forcée de leurs écrits sur le résultat final de ces délibérations, par la réserve de toutes les Puissances, ceux-là doivent être peu disposés à revenir de leur parti pris, et à engager une sage discussion qui les ramènerait à la vérité.

Mais une considération d'un ordre plus élevé déter-
mine, dans cette circonstance, les amis de la Turquie à
porter une fois la parole pour elle.

En France et en Angleterre, au sein de ces deux
grandes et belles nations qui forment le front de l'Europe, la guerre d'Orient a été populaire, elle a été sympathique. Les chefs augustes de ces deux peuples ont
puisé dans l'opinion publique cette foi, cette force,
cette conviction de la justice de leur cause et de leur
droit qui devaient conduire leurs armées à la victoire; et
quand l'Occident indigné a couru au secours du peuple
d'Orient menacé, la Turquie a ému les cœurs, a servi
de motif à une féconde et mémorable alliance.

On l'a aimée, on l'a défendue, on l'a préservée.

Or, la Turquie est encore pleine de ces glorieux et
précieux souvenirs.

Elle considère comme un des titres les plus nobles
de sa vieille histoire d'avoir pu ainsi, l'heure du grand
danger venue, intéresser à son sort les deux premiers
peuples de l'Occident.

Ces sympathies lui sont chères ; elle veut les dérober
à l'intrigue, à la surprise, et les conserver toujours.

Elle veut que l'Occident lui conserve l'estime que
les Puissances lui avaient témoignée, cette estime
qu'on cherche à lui arracher aujourd'hui parce qu'on
sait bien qu'elle est pour elle une des plus belles conquêtes de la guerre, un des plus puissants boucliers
contre ses ennemis.

La Turquie discréditée, la Turquie décriée, la Turquie ingrate et parjure n'aurait plus d'amis, plus de chaleureux défenseurs.

Et alors, une fois ce long travail de déconsidération lentement, sourdement accompli, une fois l'opinion publique perdue pour elle et la conscience de l'Europe endormie, les manœuvres qui la menacent atteindraient leur but sans obstacle.

Voilà pourquoi, pendant même que se poursuivent les nouvelles Conférences, dont les actes subsisteront encore comme un monument de déférence et de respect de la Sublime Porte envers les Puissances alliées, pendant que, derrière les portes closes de l'éminent Conseil, la Turquie invoque noblement ses droits et explique dignement sa conduite, nous nous inquiétons de l'opinion, et nous voulons la préserver, par des explications larges et loyales, des intrigues des ennemis de l'Empire Ottoman.

Nous pouvons espérer déjà, par avance, avoir sur eux l'avantage de la modération, car il est peu de leurs écrits sur cette matière qui ne respirent la violence et qui n'aillent jusqu'à l'injure. Sous ce rapport, soit que nous soyons plus pénétrés de la vérité, de la justice de notre cause, soit que nous considérions, en matière de discussion politique parmi les peuples civilisés, les tempéraments de langage comme absolument indispensables, nous ne voulons à aucun prix qu'on nous fasse le reproche d'avoir manqué de mesure dans nos écrits.

On a beaucoup dit que la Porte avait été ingrate envers les puissances qui l'avaient défendue.

Qu'entend-on par cette ingratitude?

A-t-elle manqué à ses devoirs de fidèle alliée?

La reconnaissance lui imposait-elle des obligations qu'elle ne remplit pas ou qu'elle n'a point remplies?

A-t-elle rompu ses anciennes alliances?

A-t-elle pris part à des combinaisons diplomatiques à l'insu des puissances alliées qui ont fait la guerre, ou à leur détriment?

A-t-elle conclu des traités, passé des conventions secrètes nouvelles, etc., etc.?

A-t-elle suivi une politique opposée à celle dictée par le Traité de Paris?

A-t-elle cherché à en éluder l'application, soit en contestant l'interprétation de certains textes, soit en se réfugiant derrière les larges lacunes que présentent toujours les actes politiques les mieux conçus, au moment de leur exécution?

A-t-elle repoussé ou repousse-t-elle la civilisation occidentale?

Est-elle l'ennemie de l'élément chrétien qui l'a soutenue?

Si cela était, la Turquie serait ingrate, parjure; elle aurait bien véritablement démérité de l'Europe occidentale.

Mais si, fidèle à sa reconnaissance et aux généreux instincts qui l'animent, elle fait un appel aux hommes de bonne foi et leur montre la marche sensible de ses progrès; si elle témoigne, par des faits accomplis ou en

voie d'accomplissement, par des actes irrécusables, de
sa bonne volonté, de sa courageuse persévérance dans
ses aspirations vers la civilisation occidentale; de leur
côté, attachées aux mêmes principes qu'elles ont si glo-
rieusement fait triompher sur le champ de bataille,
les Puissances doivent toujours à la Porte secours,
appui et conseil.

Eh bien ! la Turquie ne craint pas, nous le savons,
de se placer ouvertement dans cette double alternative.

Si nous reconnaissons quand même la dette con-
tractée par elle envers l'opinion publique en Occident,
c'est que nous sommes disposés à la payer largement
par des preuves explicites de sa loyauté.

Depuis la conclusion du Traité de Paris, des questions
d'une haute délicatesse, laissées en suspens ou peut-être
incomplétement définies par ce grand acte même, ont
de nouveau divisé les Cabinets Européens. La Sublime
Porte, fidèle à une politique de conciliation, imposée à
la fois par la sauvegarde bien entendue de ses droits et
le sentiment de ses devoirs de reconnaissance à l'égard
des grandes puissances, a traversé de pénibles épreuves
politiques. Ces épreuves viennent expirer dans un concert européen, nécessaire pour l'entière exécution des
stipulations du Traité du 30 mars.

Il n'y a point à s'appesantir sur les complications
diverses survenues pendant les travaux préliminaires

effectués dans les Principautés, dans le but de préparer avec une entière connaissance de cause leur organisation définitive.

Bien mieux que les parties intéressées, les Puissances contractantes, appréciant avec élévation de vues et impartialité la position respective de ces provinces et de la Sublime Porte, peuvent juger si le Gouvernement Impérial a agi conformément à l'esprit du Congrès, qui avait rédigé les instructions spéciales pour les commissaires européens dans les Principautés.

Les devoirs à remplir par le Gouvernement Ottoman dans ces circonstances étaient trop bien tracés pour qu'il eût à s'en départir :

Nommer des chefs provisoires à ces deux provinces; promulguer un Firman de convocation, pour former les deux Divans qui, selon le vœu du Congrès, devaient être consultés; et se faire représenter au sein de la Commission des autres Puissances, réunie au centre de ces provinces, par un commissaire spécial; tels étaient, en définitive, ces devoirs et tels il les a accomplis.

Que des incidents sérieux se soient élevés à cette occasion, et que la division, jetée un moment entre les Puissances elles-mêmes, à propos des questions agitées, ait préoccupé les Cabinets Européens, ceci est indiscutable; mais, en somme, ces expériences devaient finir par les réunions prévues qui se tiennent aujourd'hui tout exprès, et toute solution relève du contrôle de cette assemblée, auprès de laquelle la Sublime Porte se trouve en mesure de fournir sur son attitude de

Puissance suzeraine toutes les explications désirables.

Ce n'est donc pas là le point capital dont il était possible de faire un grief à la Turquie, pour l'accuser de ne point exécuter les conventions solennelles du 30 mars.

Mais on s'est attaché à une base d'accusation bien plus grave, bien plus fondée en apparence et de nature à ébranler fortement la conscience publique en Europe.

On a dit : La Porte n'exécute pas le Hatti-Humayoun promulgué par le Sultan en faveur des chrétiens et de tous les sujets non musulmans de l'Empire.

On a dit :

Cette pièce annoncée solennellement par Ali-Pacha, dans la séance du 26 février 1856, et à propos de laquelle les Plénipotentiaires d'Autriche, de France et de la Grande-Bretagne ont rendu hommage au caractère libéral du Sultan ; cette pièce rappelée explicitement dans l'acte final du Congrès, sous l'article 9, et qui constitue la conquête pacifique la plus noble des armées alliées en Orient et la récompense la plus légitime de leur tout-puissant concours, est une lettre morte.

On s'est hâté d'attribuer à l'inexécution de cet acte une insurrection dans le Monténégro, bien qu'à l'égard de cette province, la Porte soit toujours restée et reste encore dans les dispositions qui ressortent de la déclaration de son Plénipotentiaire au premier Congrès. On a attribué également à la même cause quelques troubles sur d'autres points du vaste Empire Ottoman.

Par là, il n'a point été difficile à quelques meneurs intelligents d'une politique opposée aux vrais intérêts de la Porte, de représenter cette Puissance comme manquant à tous ses devoirs envers l'Europe civilisée, comme à jamais vouée à la barbarie et repoussant par une résistance passive et opiniâtre tout progrès, toute mesure nouvelle et libérale.

C'était bien, en effet, le meilleur moyen d'aliéner à l'Orient les sympathies de ses nobles alliés occidentaux.

Quoi de plus naturel que ceux-ci, après avoir versé leur sang et prodigué leurs millions pour sauvegarder l'intégrité de l'Empire, pour maintenir la Turquie au niveau des grandes Puissances Européennes et l'appeler dans leurs conseils, fussent autorisés à réclamer d'elle les mesures civilisatrices propres à assurer son intégrité reconnue nécessaire, et à la consolider dans la position qu'elle a prise parmi les premières nations du monde?

Quoi de plus naturel, dès lors, que l'on ait considéré la Turquie comme engagée d'honneur à réaliser promptement ces mesures et ces progrès?

L'Europe chrétienne s'intéresse au sort des chrétiens d'Orient.

En leur nom, la diplomatie s'est toujours émue, la guerre s'est souvent éveillée.

Malheureusement, les sympathies, plus morales que réelles, existant entre des Églises qui, séparées depuis des siècles par le schisme, invoquent cependant toutes le nom du Christ, ont presque toujours été exploitées dans de coupables intentions politiques.

L'Europe catholique, anglicane ou luthérienne a été poussée à s'apitoyer sur le sort des chrétiens de l'Orient, prétendus orthodoxes, et l'on a retourné ensuite cette pitié en indignation contre l'Islamisme et les disciples de Mahomet.

De la sorte, le Christianisme de l'Occident a travaillé pour le Christianisme Oriental, et les fruits de la désaffection et de la révolte ainsi provoquées n'ont profité et ne profitent en rien à l'élément Occidental.

Comment, en effet, l'élément chrétien d'Occident recueillerait-il, par conversion ou par tolérance, en échange de sa protection si noble et si désintéressée, les avantages d'une plus étroite assimilation religieuse et d'une plus grande influence matérielle ?

L'expérience du passé n'est-elle pas là pour nous apprendre qu'il existe une plus profonde scission entre les sectes d'une même religion, qu'entre les disciples de deux croyances toutes diverses, et qu'aucun rapprochement ne s'est jamais produit entre deux cultes, quand ils se touchaient de si près ? Il serait bien plus vrai de dire, au contraire, l'histoire à la main, que ce qui profite à l'un nuit à l'autre. Faut-il rappeler, par exemple, l'époque où la question des chrétiens d'Orient a été soulevée à propos des empiétements que le schisme grec voulait faire sur le tombeau même de Jésus-Christ ? N'est-ce pas la Turquie qui a protesté alors, au nom des autres cultes chrétiens, contre le culte prétendu orthodoxe, qui, puissamment protégé, espérait occuper seul ce berceau du Christianisme?

Nous ne sommes donc plus surpris, depuis longtemps, de la ferveur parfaitement calculée, apportée
dans la croisade séculaire faite en faveur de l'Église
d'Orient, croisade qui change de couleur, mais qui se
représente de période en période derrière n'importe
quel drapeau.

Nous avons seulement voulu réveiller en passant le
souvenir de cet enthousiasme religieux héréditaire, pu-
rement politique, pour rappeler aux sincères chrétiens
d'Occident l'usage qui a été fait, à diverses reprises, de ce
lyrisme et de cette propagande connue, hélas! de longue date, par la Porte, dans sa cause et dans ses résultats.

Quoi qu'il en soit, la Porte ne cherche pas à se dérober à ses devoirs et travaille de toutes ses forces à donner satisfaction aux désirs et aux vœux des grandes
Puissances, qui sont également les siens propres, concernant les sujets non musulmans de l'Empire.

La manière même dont ces avantages successifs ont
été octroyés par S. M. le Sultan, aux sujets non musulmans de l'Empire, prouve que, de son initiative spontanée, longtemps avant qu'aucune influence fût exer-
cée dans ce sens par les Puissances belligérantes, le
Gouvernement Impérial avait reconnu la nécessité
d'améliorer le sort des chrétiens en Orient et d'établir
dans le Coran une démarcation entre la partie religieuse et la partie législative, de façon à ce qu'il ne pût
entraver la marche de la civilisation et du progrès.

Le commencement des réformes importantes en Tur-

quie remonte à la promulgation du Tanzimat, soit à
1839, époque où cette nouvelle organisation civile,
administrative et politique fut proclamée à Gulhané
devant le peuple réuni.

Cette première charte renfermait déjà le germe des
principes d'équité et d'égalité développés plus tard
dans l'élaboration du Hatti-Humayoun. Dès cette époque, le kharadg ou impôt de conquête portant sur les
sujets non musulmans fut aboli ; les chrétiens furent
déclarés admissibles dans l'armée et dans la marine aux
mêmes conditions que les musulmans ; ils eurent accès
aux fonctions publiques ; leur témoignage fut légalement
accepté, etc... Tout cela bien avant la promulgation du
dernier Hatt, qui a été officiellement octroyé en janvier
1856 et publié alors dans les feuilles de Constantinople.

C'est au règne du Sultan Mahmoud que remonte la première pensée et l'initiative de ces réformes ; c'est lui qui
prononçait ces belles paroles quand on le poussait à établir ou à maintenir des distinctions parmi ses sujets :

« Mes sujets, disait-il, sont tous égaux devant moi ; je
« ne les distingue que lorsqu'ils sont à l'église ou à la
« mosquée. »

C'est au Sultan Abdul-Medjid qu'on en devra l'application.

Si les deux dates que nous venons de citer plus haut
ne justifiaient la Turquie de la prétendue pression que
les grandes Puissances auraient été obligées d'exercer
sur elle pour obtenir l'amélioration du sort des chrétiens, il suffirait de jeter un coup d'œil sur les protocoles

des Conférences, pour se convaincre de la manière dont les ouvertures faites à ce sujet par les Plénipotentiaires Ottomans ont été appréciées.

On lit en effet dans le procès-verbal de la deuxième séance du 28 février 1856 : « Ali-Pacha annonce qu'un « *nouvel* Hatti-chérif a *renouvelé* les priviléges reli- « gieux octroyés aux sujets non musulmans de la « Porte, et prescrit de nouvelles réformes qui attestent « la sollicitude de S. M. le Sultan pour tous ses peuples « indistinctement ; que cet acte a été publié, etc. »

On y voit également avec quelle sympathique défé- rence les Plénipotentiaires d'Autriche, de France et de Grande-Bretagne accueillirent ces communications, en rendant hommage au caractère libéral qui les inspirait.

Tout en jugeant nécessaire, pour satisfaire aux pré- visions concernant le quatrième point arrêté aux Con- férences de Vienne, de rappeler cet acte dans la rédac- tion finale du traité, ils stipulèrent expressément que la mention qui en serait faite ne pourrait « faire naître un « droit quelconque d'immixtion dans les rapports du « gouvernement de S. M. le Sultan avec ses sujets. »

Cette double attitude, qui se maintient et se conso- lide aux séances des 24 et 25 mars, alors que les Plé- nipotentiaires procédaient à la rédaction de l'art. 9, fait ressortir à la fois la noblesse avec laquelle les Puissances contractantes ont voulu agir à l'égard de la Turquie dans ces circonstances, et la haute satisfaction qu'elles ont dû témoigner en présence de l'initiative et du bon vouloir de la Sublime Porte.

Contractés dans de pareilles conditions de dignité réciproque, les engagements pris par la Turquie n'en ont été que plus sacrés pour elle. Ils ne froissent en rien son amour-propre national, et elle s'est considérée comme d'autant mieux engagée qu'elle ne relevait que d'elle-même.

Afin d'apprécier avec exactitude les efforts qui doivent être faits par le Gouvernement Ottoman pour accomplir l'œuvre qu'il a entreprise, il faut consentir à tenir compte des obstacles nombreux qu'il a à vaincre.

L'étendue considérable de l'Empire, la difficulté des circonstances, la faiblesse relative de l'organisation administrative, les limites étroites dans lesquelles les ressources actuelles resserrent le gouvernement, les conflits de nationalités et de races, les interventions même sont autant de difficultés à vaincre qui ralentissent la marche du progrès tant désiré.

Est-il juste, au milieu des embarras qui lui sont suscités de toute part, avec les entraves innombrables dont nous ne faisons que sommairement et au hasard une incomplète nomenclature, de vouloir exiger de la Turquie, dans l'espace de deux années, une transfiguration complète que les autres nations civilisées ont mis des siècles à obtenir?

Donnez à la Turquie, par l'effet d'une baguette magique, des routes, des chemins de fer, des télégraphes, une administration régulière, homogène dans toutes ses branches; donnez-lui des codes, traduits dans les langues des différents peuples qu'elle réunit sous son drapeau, des institutions pour l'éducation de la jeunesse et de l'armée, des écoles et des fermes; et, si le gouvernement utilise tous ces merveilleux avantages au bénéfice des musulmans seuls, si les intérêts et les droits des chrétiens sont sacrifiés; si, ces puissants moyens de bien-être national conquis, il se commet encore un crime, une injustice sciemment impunie; si la distinction entre tous les sujets du Sultan n'est pas effacée dans la vie quotidienne du peuple Ottoman, aussi bien qu'elle l'est dans le grand acte de février 1856, alors il vous est permis d'accuser les intentions des Ministres de la Porte.

Malheureusement, cette grande civilisation ne vient pas en un jour. La bonne volonté de toutes les Puissances peut hâter le progrès, abréger le temps et rapprocher le but, mais il est un travail naturel de régénération intérieure, d'assimilation et de fusion que rien ne saurait précipiter. Il faut l'usage, l'habitude, le zèle infatigable du gouvernement et une longue patience.

Aujourd'hui même, les races sont-elles fondues en Russie, en Allemagne, en Angleterre, et la France n'est-elle pas, en Europe, à l'état d'exception heureuse à cette divergence presque générale des cultes, et surtout d'origine, exception due à l'homogénéité du peuple gaulois, et à l'unité de religion que les événements lui ont permis de conserver ?

Cependant, les éléments de civilisation ont bien moins manqué au reste de l'Europe qu'à la Turquie. Celle-ci, par un douloureux privilége de la situation exceptionnelle qu'a dû faire cesser le Traité de Paris, s'est toujours vue obligée de soutenir des luttes cruelles, luttes diplomatiques ou luttes armées, pour sa conservation et son intégrité, pendant que les autres Puissances qui jouissaient en paix des avantages d'une entente complète et de l'équilibre européen n'avaient de soucis que leur perfectionnement intérieur.

Que l'on compte depuis combien de temps le Sultan, rassuré par des promesses solennelles, peut se consacrer, sans craintes, sans préoccupation, sans ingérences fâcheuses, au bien-être de ses sujets, et on verra dès lors s'il y a beaucoup de temps de perdu.

L'Empire se remet à peine des terribles secousses de la guerre la plus sérieuse dont ses annales offrent l'exemple. Tout a été atteint chez lui dans ce terrible conflit, son trésor, son armée, son administration, ses provinces. Il a été en proie aux plus perfides manœuvres. Rien n'était plus simple, en effet, puisqu'on avait à le combattre, que de réveiller contre lui les jalousies natives et de susciter les instincts révolutionnaires. On l'a fait sur bien des points avec une énergie, une hardiesse et une ruse qui ont un instant fait redouter le succès.

Ce ne sont donc pas seulement ses flottes et ses braves

soldats du Danube qui ont souffert. De perfides fermenls de révolution se sont glissés dans son sein et peu à peu, une fois la paix rétablie, ils se sont fait jour sur divers points de la surface de l'Empire.

Un gouvernement dont les intérêts cessent à peine d'être discutés peut-il s'occuper utilement d'améliorations et de réformes, quand, à chaque instant, l'on cherche à remettre ces intérêts en jeu ?

Le développement du bien-être des peuples est un des fruits précieux de la paix. Sans elle, pas de progrès réalisable, pas d'institution solide.

Toutes les nations ne sont pas comme l'Angleterre, qui peut reconquérir à trois mille lieues ses vastes possessions des Indes, y déployer des forces imposantes, relever et venger son drapeau, sans qu'au cœur de son île puissante rien ne soit d'ailleurs troublé, ni dans sa fortune, ni dans son commerce, ni dans son existence nationale et politique de chaque jour.

Toutes les nations ne sont pas comme la France, qui a pu donner le spectacle grandiose d'une Exposition des produits de son industrie et de l'industrie du monde entier, le spectacle de ses embellissements prodigieux au dedans, pendant qu'au dehors ses soldats couraient à la victoire.

Sans sécurité, sans repos, il n'est rien de possible à la Turquie.

A quoi les peuples que nous prenons pour exemple doivent-ils cette merveilleuse faculté de conservation, cette toute-puissance d'ubiquité?

2

A leur homogénéité ;

A un profond sentiment national qu'inspire un patriotisme sincère ;

A des institutions harmoniées admirablement avec leurs intérêts et leurs besoins, et qui ouvrent les portes à toutes les intelligences, en sachant cependant faire garder ces portes par la loi ;

A leur richesse industrielle, financière, commerciale.

Elles doivent cette faculté et cette puissance enfin à une longue jouissance des bienfaits de la civilisation.

Certes nous reconnaissons tout cela ; c'est pourquoi nous demandons qu'on n'exige pas de la Turquie les succès qu'on cite déjà comme des merveilles, quand ils sont obtenus par des nations elles-mêmes merveilleusement douées.

Nous reconnaissons tout cela; aussi voulons-nous commencer par le commencement, et procéder à l'installation de ces institutions tutélaires qui conduisent à de pareils résultats.

Nous savons que le moindre perfectionnement matériel exerce une réaction immense sur le bien-être des masses. Sur un progrès se greffe un progrès. Les peuples qui reçoivent le premier bienfait apprennent la confiance, et en acceptent un nouveau qu'ils eussent peut-être d'abord discuté. Ce nouveau progrès réalisé sert d'instrument pour en obtenir un troisième, et ainsi peu à peu.

Or, sous ce rapport, que l'on ne croie pas que nous soyons encore au commencement de cette marche graduelle, et que nous n'ayons pas eu lieu déjà, depuis vingt ans, de constater l'heureux enchaînement de mille améliorations.

Pour entrer dans l'ordre des faits, nous dirons que le moindre perfectionnement à Constantinople et sur toute l'étendue de l'Empire, bien contrairement à ce qu'on a prétendu, porte toujours ses fruits.

Que n'ont pas gagné les populations, depuis quelques années, aux choses les plus simples ?

Ainsi, un pont a été jeté sur la Corne-d'Or, entre Galata et Constantinople.

Cette œuvre matérielle, si ordinaire, a cependant contribué, mieux que tous les textes, à niveler les classes, à fondre les races, à mêler et à égaliser les intérêts.

Des négociants chrétiens se sont établis sur une rive qu'ils n'avaient jusque-là abordée qu'avec défiance ; ils y ont vu leurs droits sauvegardés, leur position commerciale et leur petit trafic assurés, aussi bien qu'au centre de leurs propres quartiers ; ils y sont restés.

Des lignes de bateaux à vapeur ont sillonné le Bosphore, s'arrêtant aux stations du modeste village comme devant les palais de marbre des grands de l'Empire. Eh bien ! là, le pacha, le haut fonctionnaire, s'est trouvé l'égal du plus humble musulman, du plus modeste chrétien ; l'égal, devant ses trois piastres.

Que ne feraient pas dans des conditions pareilles des routes, des voitures publiques, des chemins de fer, des institutions de crédit ?

Les associations, les droits communs, la jouissance
absolue des mêmes avantages quotidiens et matériels,
sont les moyens les meilleurs pour établir la fusion
des intérêts et des races.

On ne saurait croire combien de préjugés ont déjà
disparu, combien de progrès sont déjà réalisés dans
les villes de l'Empire situées sur les côtes méditerra-
néennes et sur celles de la mer Noire, et qui servent
d'échelles à la navigation à vapeur. Le simple contact
des mœurs nouvelles, les échanges commerciaux, les
correspondances et les rapports journaliers avec l'Occident comme avec Constantinople et les divers points
du littoral, ont suffi pour amener en peu d'années de
prodigieux résultats.

L'observation de ces faits a dû servir d'utile enseignement au Gouvernement Impérial, et avec la connaissance réelle et profonde qu'il possède de son
peuple, il a compris que les races qui composent l'Empire sont toutes particulièrement sensibles aux avantages matériels, et cèdent sans peine aux traditions
consacrées par l'usage et par l'habitude. C'est donc
dans cette voie qu'il a dû entrer pour atteindre plus
tôt le but.

Car, en définitive, il est un raisonnement bien élé-
mentaire et que peu de personnes pourtant semblent
s'être fait : le peuple musulman lui-même a autant à
souffrir que le peuple chrétien et que les autres races
des imperfections administratives, politiques et matérielles de la machine gouvernementale.

On n'en est pas à croire, assurément, que si la police est mal faite, l'impôt insuffisant et mal perçu, les districts mal administrés, la justice mal rendue, les chrétiens soient toujours les victimes des meurtres, des vols, des rapines, des injustices, de la pauvreté de l'État ou de l'incurie des administrateurs.

Il faut bien supposer que les musulmans en souffrent aussi quelque peu, eux qui n'ont point pour les protéger la juridiction religieuse, et qui sont, au contraire, sous mille rapports, plus que les autres sujets de l'Empire, sous le coup de la législation du pays, sans qu'il leur soit permis de trouver des prétextes pour s'y soustraire.

Les populations non-musulmanes seules, en vertu même des exclusions faites par Mahomet II, ont pu jouir dans l'Empire, et sans cesser d'en être sujettes, de l'intervention d'une juridiction spéciale sous les auspices des divers clergés ; et, d'autre part, les consuls se sont presque toujours appliqués d'une manière regrettable à intervenir exclusivement dans les affaires des chrétiens, alors même qu'ils n'étaient point sous leur juridiction, tendance évidemment favorable au maintien des divisions par castes et par sectes.

Le Sultan apprécie cette situation ; il sait, dès lors, que tous ses sujets gagneront indistinctement à l'application de lois sagement remaniées. L'évidence de ce fait devrait empêcher l'Europe de douter de ses bonnes intentions.

Nous venons de parler des interventions illégales que les consuls cherchent à exercer sur les habitants non-musulmans de l'Empire. Nous avons à dire un mot sur ces interventions, pour que l'on comprenne jusqu'à quel point elles sont étendues et parfois embarrassantes pour la marche régulière du gouvernement.

La juridiction que les agents des Puissances étrangères exercent sur leurs nationaux a toujours été en Orient excessivement développée.

Nulle part les consuls n'ont eu plus de prérogatives, plus de droits. Ces priviléges exceptionnels découlent de la crainte et de la défiance qu'inspirait, dans le principe, aux Puissances étrangères la loi civile musulmane qui, provenant d'une source exclusivement religieuse, était en effet, en théorie, incompatible sous bien des rapports avec la sauvegarde des intérêts légitimes des étrangers.

Ces défiances, qui tombent aujourd'hui devant les actes du Gouvernement Impérial, ont été prises pour base quand on a élaboré les *Capitulations,* inscrites plus tard dans le droit public européen comme garanties données aux grandes Puissances par celle qui n'était pas encore de leur nombre.

Les consulats, on n'en sera point surpris, s'établissant

avec des éléments aussi favorables aux ingérences étrangères, ont exercé dès le début une immense influence non-seulement sur leurs nationaux, dont le nombre augmentait sans cesse, mais encore sur leurs coreligionnaires. Bien qu'il fût inscrit très-nettement dans les *Capitulations* que les juridictions exercées par les consulats devaient uniquement sauvegarder les intérêts des sujets étrangers, sans impliquer de droit d'immixtion d'aucune sorte dans les affaires des sujets ottomans, musulmans ou chrétiens, nullement assujettis à ces *Capitulations* et aux traités par elles motivés, cependant la juridiction consulaire gagna toujours du terrain en accordant des protections, sous différents prétextes, à des sujets chrétiens.

Ce sont ces abus, pénétrant d'année en année davantage dans l'Empire Turc, qui ont favorisé depuis et fortifié ces puissantes interventions diplomatiques par lesquelles il a été placé à deux doigts de sa perte.

Aujourd'hui l'Europe a inscrit la Sublime Porte au rang des grandes Puissances, à cette place même où figuraient comme pièces de garantie les *Capitulations*, alors que la Turquie n'avait pas titre pour être responsable de ses actes au concert européen.

Cette place prise, le droit, la justice, la nécessité de constituer un pouvoir fort et indépendant, veulent que ces *Capitulations* soient au moins profondément modifiées.

Avec leur maintien telles qu'elles existent, l'exercice

de nouvelles lois, la mise en œuvre d'institutions bienfaisantes et régulières, sont impraticables.

Si les sujets non-musulmans, malgré la justice et la légitimité de la part sociale qui leur sera dévolue dans la nation, à l'égal des musulmans eux-mêmes, ont encore la même tendance que par le passé de rechercher les interventions consulaires, outre leurs juridictions religieuses, ces tendances seules établiront une scission marquée entre les sujets, et combattront par la force des choses cette fusion tant désirée.

Il nous semble que c'est ici une simple question d'échange réciproque : car, du jour où la Turquie s'administre d'une manière conforme aux autres nations de l'Europe, du jour où elle efface toute distinction entre ses sujets pour établir une véritable égalité nationale ; de ce jour, chaque Puissance ne peut plus avoir dans la marche intérieure du Gouvernement Turc d'autre ingérence que celle que s'accordent entre eux les autres gouvernements pris pour modèles par la Turquie.

Si, au contraire, le *statu quo* subsiste avec ses inconvénients graves, rien ne fait espérer à la Porte que l'affranchissement social, indistinct et absolu, des races qui composent l'Empire, que la pratique d'une législation équitable et uniforme lui assureront la conservation de ses sujets non-musulmans, leur concours et leur sympathie, et les rapprocheront définitivement de leurs nationaux.

En effet, longtemps encore ceux qui pourront se pla-

cer si facilement sous la protection d'un autre pavillon, si la tolérance est toujours la même à cet égard, aimeront mieux jouir des priviléges abusifs d'une situation exceptionnelle, que se ranger sous la loi du pays, si bien faite qu'elle soit.

L'élément national, improprement appelé « le parti musulman », se prêtera dès lors d'autant moins à son assimilation avec l'élément chrétien, qu'il ne jouira plus des prérogatives justement abolies par le Hatti-humayoun, et qu'il aura, en moins que le chrétien ou l'étranger, la ressource toujours facile d'un appui religieux ou consulaire presque sans contrôle.

Il faut donc que les Puissances voulant sincèrement que la Porte atteigne le but ne la paralysent pas dans les moyens.

Que peut faire un gouvernement, si bien disposé qu'il soit, s'il n'est pas le maître chez lui ?

Comment veut-on, avec la multiplicité d'intérêts politiques, commerciaux, industriels et d'intérêts privés qui se croisent et se mêlent au sein d'un si vaste Empire, et dans cette ville de Constantinople servant de bazar, de carrefour à deux continents, que le pouvoir s'y reconnaisse et porte haut et ferme la main de justice?

A chaque instant son bras est arrêté.

C'est tantôt une disposition administrative étrangère, c'est un texte invoqué à plus ou moins juste titre, c'est une combinaison diplomatique, ouverte ou déguisée ; c'est une menace ; c'est une prière à laquelle il faut accéder avec complaisance ; c'est quelquefois une coalition au petit pied des grandes influences, mettant en campagne les grands moyens pour atteindre le plus mince but. Bref, c'est l'impuissance.

L'impuissance, non pas seulement pour le pouvoir du Sultan, mais pour tout pouvoir organisé, si sage et si prudent qu'il soit, qui se substituerait à lui. Un exemple en a été offert pendant le séjour des armées alliées à Constantinople.

Les autorités françaises et anglaises ont obtenu un instant de diriger leur police à Péra et de veiller à la sûreté de ces quartiers occidentaux. Ont-elles réussi dans cette tentative à laquelle le Gouvernement Turc s'est complétement prêté ? Elles ont échoué à cause des interventions consulaires, qui les obligeaient, à chaque instant, à relâcher des coupables, à les déférer à des juridictions étrangères, et paralysaient de la sorte les mesures prises et l'exécution des règlements nouveaux.

La première condition du succès, en matière de réforme sociale, est l'unité de force, l'unité d'impulsion.

Pourquoi les gouvernements absolus font-ils si facilement de grandes choses ?....

En l'état, peut-on appeler la Turquie un gouvernement absolu ? Est-ce possible, quand tout, au contraire, y est relatif, subordonné à des satisfactions ou à des mécontentements, qu'on n'est en mesure ni de provoquer, ni de prévenir ?

Le bon sens dit, ce nous semble, que pour avoir le

droit d'accuser la Porte, il faut commencer par la laisser faire.

En garantissant l'intégrité de la Turquie, en la plaçant dans le concert européer, en assurant ainsi tous ses priviléges de grande Puissance, les Puissances contractantes ont reconnu la nécessité de cette unité de force, la nécessité que le Sultan pût dire :

« L'État, c'est moi ! »

Les Puissances seront conséquentes et logiques; elles ne compromettront pas isolément l'ouvrage que, par une entente admirable, elles ont conçu.

Les interventions, telles qu'elles se sont abusivement introduites en Turquie, doivent cesser. Aux *Capitulations* doit succéder un autre ensemble de garanties, plus en harmonie avec la dignité de l'Empire et les institutions de tout État indépendant. Ces garanties doivent figurer dans l'esprit même des codes et des réglements nouveaux, que le pays travaille à se donner à l'heure où nous écrivons.

Dans ces limites, il est parfaitement facile d'assurer la fortune, la propriété, les droits des étrangers, comme ceux des sujets non-musulmans.

Il est impossible d'admettre que la Turquie n'accepte pas la nécessité de présenter une surface commerciale, financière et industrielle, solide et durable.

Elle a assez à faire, elle le sait, sous le rapport de son crédit, à ce triple point de vue, pour ne pas méconnaître cette obligation.

Elle n'ignore pas que, pour contracter des emprunts,

pour attirer chez elle des capitaux étrangers, pour encourager le commerce international, il faut qu'elle assure par une législation sévère les droits de tous.

Mais, ces garanties, elle se croit en droit aujourd'hui de ne les offrir que dans l'ordre de celles que les mêmes questions d'échange et de crédit imposent aux Puissances les unes à l'égard des autres : garanties d'hypothèques, garanties légales, garanties matérielles, en un mot.

La haute administration de la Turquie entrant dans la voie des nouvelles réformes, ni les ressources, ni le concours des éléments propres à nourrir toutes les industries ne lui feront défaut : elle pourra puiser à son aise à la source de ses richesses naturelles, pour rassurer ceux qui confieront leur fortune à son Trésor public, comme elle rassurera par une législation protectrice les intérêts particuliers.

Mais, de même que les sujets chrétiens prétendent, à juste titre, jouir des prérogatives octroyées par le Sultan, de même la Porte élève la juste prétention de voir cesser de fait un ostracisme qui, depuis deux ans, a dû cesser de droit, et désire que l'Europe s'habitue à être conséquente avec elle-même, à ne plus user à son égard et sous aucun rapport de mesures exceptionnelles. Car l'exception engendre l'exception, et il est impossible de faire respecter et de mettre en vigueur les lois de la société européenne, si cette société elle-même persiste, en fait, à laisser la Turquie hors sa loi.

On voit cependant, en envisageant avec impartialité

le passé, que rien, dans la conduite de la Porte, ne motive le doute et la suspicion envers elle, et que ces défiances, si nuisibles au succès, sont uniquement le résultat des manœuvres de ses ennemis.

Les Alliés n'ont-ils pas trouvé le Sultan les mains ouvertes, prêt à reconnaître, par de sages libertés et de larges concessions, le généreux concours qu'ils lui ont prêté pour la conservation de son Empire, que ses braves armées eussent peut-être, malgré de brillants succès, été impuissantes à préserver?

Ces dispositions font-elles véritablement craindre pour l'avenir tout ce que l'on dit de « l'entêtement, » du « mauvais vouloir, » de la « duplicité » de la Porte?

De ce que la Turquie n'est point assez riche pour dépenser quinze cent mille écus par an, afin de jeter tous les jours aux quatre vents de la publicité le compte rendu de ses efforts quotidiens et le témoignage sans cesse renouvelé de ses bonnes et réelles intentions; de ce qu'elle n'a pas fait dans son budget une place assez large à certains avocats qui auraient, nous n'en doutons pas, embrassé sa cause, comme ils ont embrassé la cause opposée, s'ils y eussent trouvé un plus gros intérêt, faut-il que les honnêtes hommes politiques puissent être abusés sur son compte?

Ne suffit-il pas que la vérité soit mise au jour une fois pour éclairer et convaincre? — On serait tenté de croire le contraire.

Car si, jour par jour, cent feuilles dévouées et fidèles venaient raconter en Europe les efforts sincères du ministère ottoman qu'on accuse, sa lutte contre les anciens préjugés, contre les résistances ignorantes des chrétiens eux-mêmes, qui, par une défiance mal entendue, ne veulent pas sortir de l'état dont ils ont le droit d'être tirés, alors la calomnie et le mensonge n'auraient plus un accès aussi facile.

Il y a cependant un danger à pousser si fort en avant les hommes d'État actuels de l'Empire Turc. Il y a danger de leur faire perdre chaque jour davantage sur le peuple musulman ce pouvoir dont ils ont tant besoin pour le conduire, le maintenir et l'amener à l'acceptation des réformes décrétées. Que de fois n'a-t-on pas attribué à la mauvaise volonté ce qui n'était autre que de la prudence !

Au sein de tous les gouvernements du monde, et surtout des gouvernements modernes, il se forme toujours un parti plus libéral que le gouvernement.

Ce parti tient la tête des idées.

Le gouvernement est-il monarchique - absolu ; ce parti est monarchique-constitutionnel. —Le gouvernement est-il monarchique-constitutionnel ; ce parti est républicain. —Le gouvernement est-il républicain ; ce parti est socialiste.

A-t-on songé que, en Turquie seulement, ce parti poussant au progrès, provoquant le progrès, c'est le gouvernement lui-même qui le représente, et que pas un homme, dans le sein de la nation, n'est plus avancé ni plus progressiste que lui?

Cela tend à prouver deux choses : la première, que

les gouvernements des deux derniers règnes ont toujours marché avec les circonstances dans les voies libérales, puisque aucun parti n'a trouvé possible de marcher devant eux. La seconde, c'est que le gouvernement d'aujourd'hui, inspiré par sa profonde bonne volonté, est tellement en avant de la nation, qu'il y aurait, comme nous venons de le dire, le plus grave danger à le presser d'aller plus rapidement encore.

Le plus grand, le plus sérieux obstacle, était celui de la religion du Coran, incompatible, disait-on, avec toute civilisation et avec toute institution pacifique stable.

Qu'est-ce qui tient plus au cœur d'un peuple que sa religion nationale? Quoi de plus enraciné, de plus dangereux à combattre, en même temps à modifier?

Eh bien! cet obstacle n'est-il pas franchi?

Le Coran est-il autre chose qu'un code de lois religieuses, si l'on se place au point de vue des nouveaux priviléges des sujets non-musulmans? Ne contient-il pas, au contraire, des préceptes philosophiques parfaitement compatibles avec l'existence et le progrès de l'élément chrétien, avec les réformes à venir?

Le Coran dit : « Point de contrainte en religion. La « vraie route se distingue assez de l'erreur. Dieu sait « tout. Ne revêtez point la vérité de la robe du men-

« songe. Ne cachez point la vérité quand vous la con-
« naissez.

. « La piété ne consiste pas à tourner vos visages au
« levant ou au couchant. Pieux sont ceux qui croient
« et qui donnent, pour l'amour de Dieu, des secours à
« leurs proches, aux orphelins, aux pauvres, aux voya-
« geurs et à tous ceux qui demandent. Pieux sont
« ceux qui rachètent les captifs. Dieu extermine l'u-
« sure et fait germer l'aumône. »

Le Coran reconnaît dans la religion chrétienne des
principes de divinité.

D'après le Coran, Noé, Abraham sont bien véritablement des prophètes.

Jésus, fils de Marie, est également un envoyé de
Dieu, que sa mère a conçu sans tache, en aspirant le
parfum des fleurs.

Et si le Coran veut que Mahomet soit le dernier des-
cendant et la suprême incarnation de cette auguste
lignée, toujours est-il qu'il considère les chrétiens
comme assis sur le premier échelon de la Foi, après les
vrais croyants en l'Islamisme.

Demandons-nous maintenant, à un autre point de
vue, si le Coran a empêché un très-grand nombre de
musulmans de prendre les coutumes et les usages européens. A-t-il empêché la fondation d'écoles, d'acadé-
mies, l'ouverture de cours de sciences, de mathéma-
tiques? empêche-t-il le Gouvernement Ottoman, qui
manque d'hommes et qui veut en former au plus tôt,
afin qu'ils puissent seconder ses vues régénératrices,

d'envoyer chaque année de nombreux jeunes gens dans toutes les capitales, pour étudier aux écoles chrétiennes de l'Occident, pour y apprendre les lettres, le droit, les sciences, l'art militaire, et faire profiter leur patrie des lumières qu'ils ont acquises? Empêche-t-il même la fondation des écoles spéciales turques, que la Porte a établies à Paris, dans ces dernières années?

Tous ceux qui connaissent l'histoire de l'Empire n'ignorent pas que, lorsque le Sultan Mahmoud voulait obtenir des Ulémas un texte ou un verset qui motivât, au point de vue religieux, une réforme sociale, les Ulémas savaient bien trouver ce texte au Sultan.

Du reste, le Coran laisse, on peut le dire, la plus large porte ouverte à la conciliation, à la fusion des races, puisqu'il accorde au Sultan le droit de promulguer des ordonnances pour toutes les nouvelles mesures jugées utiles, et que ces ordonnances promulguées ont force de loi.

Le témoignage des chrétiens a été accepté ; le code de commerce et le code pénal français ont été mis en vigueur, et l'on s'est, à cet égard, totalement détaché déjà, depuis 1850, des pratiques du code Multeka, qui traitait cependant de ces deux parties de la législation de l'Empire.

Autrefois on n'admettait que les poursuites judiciaires des parties civiles, et la société n'était pas représentée par un ministère public, pouvant d'office intenter une action contre les coupables. Aujourd'hui cette institution tutélaire fonctionne dans les formes empruntées aux nations les plus civilisées de l'Europe. Le Coran n'a donc paralysé aucun de ces immenses progrès.

Une des principales causes qui ralentissent l'application du Hatti-Humayoun, et dont on ne se rend pas assez compte, c'est la quantité énorme de travaux de toute sorte qu'exige cette application.

La Porte doit élaborer des codes, des règlements, des ordonnances, rédiger des instructions spéciales aux fonctionnaires auxquels il appartient de faire appliquer tel ou tel article du Hatt; cela, dans plusieurs langues, et avec le soin que nécessitent des institutions qui doivent être définitives, et dont le cadre n'est que sommairement tracé dans la charte solennellement octroyée.

Elle doit composer des comités, des commissions, des tribunaux, déterminer d'une manière précise leur devoir et le mode de leurs fonctions.

Elle doit retoucher aux bases fondamentales de ses vieilles institutions, pour faire place à ces assises nationales nouvelles et les relier fortement avec les plus anciennes, afin que celles-ci restent d'accord avec les besoins actuels et le progrès.

Elle a dû et elle doit encore briser par avance des résistances, préparer les hommes de l'ancien régime au régime adopté par le gouvernement. Elle a dû s'assurer, en un mot, avant tout préliminaire, des grands moyens d'exécution nécessaires à l'accomplissement de ses projets.

On verra, quand nous discuterons point par point les articles du Hatt, ce qu'ils exigent de travaux et de préparatifs dans le sens que nous indiquons ; alors peut-être, sera-t-on porté à mettre les retards sur le compte de la force majeure, et non pas sur le compte des résistances gouvernementales ou des retraites diplomatiques.

Encore si depuis deux ans le Gouvernement Turc avait eu le loisir de se consacrer exclusivement à ces travaux utiles, on comprendrait jusqu'à un certain point l'impatience de quelques Cabinets Européens.

Mais, dès le lendemain de la signature du Traité de Paris, il n'a pas eu un jour, une heure de cette sécurité qui lui paraissait enfin assurée.

La question de Bolgrad, celle de l'île des Serpents, la question des Principautés, la question de la navigation du Danube, les affaires de Servie, du Monténégro, d'Herzégowine, de Candie, sont tour à tour venues l'absorber, l'accabler de charges, de préoccupations et de soucis.

Nous relevons ce que la Sublime Porte a déjà fait au milieu de toutes ces épreuves ; l'empressement que ces premiers actes témoignent fait un devoir à l'opinion publique de reconnaître ses généreux efforts.

Nous ne nous arrêterons pas à l'exorde du Hatti-Humayoun. Il est plein de grandeur et de noblesse, complétement dépouillé de ces formules anciennes dont on accuse bien puérilement la Porte de vouloir perpétuer l'usage, comme si ces formes, héréditairement vénérées par les mahométans, nuisaient en rien à l'excellence des dispositions dont elles servent, pour ainsi dire, de consécration aux yeux du peuple.

Le Sultan fait allusion, en peu de mots, au premier Hatti-Schérif octroyé en 1839 et aux bons résultats qu'il a produits. Il en fait découler la nécessité d'accorder de nouveaux priviléges aux sujets non-musulmans et termine par cette phrase empreinte du plus pur patriotisme, sous une forme touchante de simplicité: «Je « veux augmenter le bien-être et la prospérité inté- « rieure, rendre heureux tous mes sujets, *qui sont tous « égaux à mes yeux et me sont également chers.»*

Puis suivent les articles du nouveau Hatt, inspirés chacun par cette grande pensée.

L'article premier confirme et consolide les garanties promises par le Hatti-Humayoun de Gulhané et les lois du Tanzimat, et ordonne que des dispositions soient prises pour leur entier effet.

Toute la partie des mesures qui a pu être appliquée immédiatement et qui n'a point nécessité de longs travaux préliminaires a été mise en plein exercice, depuis la promulgation du Hatt.

Les diverses infractions qui ont pu se commettre et

qui ont été signalées au Gouvernement Impérial, soit par ses employés spéciaux, soit par les agents étrangers, ont été punies avec promptitude et sévérité.

Les dossiers des chancelleries font foi qu'à cet égard aucune plainte légitime n'est restée sans écho; qu'aucun acte de corruption ou de violence constaté n'est resté impuni.

Si donc, dans leurs rapports, les agents consulaires des différentes nations font mention, dans diverses circonstances, de faits qui se seraient produits contrairement aux droits donnés par le Hatt aux sujets non-musulmans, ils ont toujours pu annexer à ces pièces officielles la procédure qui s'en est suivie sur l'initiative du Gouvernement Ottoman; il est impossible de citer un cas où, en pareille circonstance, pleine et entière justice n'ait été rendue.

Les articles 2 et 3 maintiennent les priviléges spirituels accordés aux communautés chrétiennes ou des rites non-musulmans. Ils stipulent l'organisation d'une commission *ad hoc,* destinée à l'examen de ces priviléges.

Ils confirment le principe d'élection à vie des patriarches, après la révision des pouvoirs qui leur ont été concédés par Mahomet II, et du mode d'élection aujourd'hui en vigueur. Ils exigent le serment pour les chefs spirituels des diverses communautés. Ils remplacent pour eux les redevances ecclésiastiques par la fixation d'un revenu, et déterminent pour les autres membres du clergé le principe de l'allocation de traitements proportionnels.

Ils placent l'administration temporelle des communautés sous la sauvegarde d'une assemblée choisie indistinctement dans le sein de chacune d'elles.

Les difficultés que le Gouvernement Turc éprouve à appliquer ces stipulations sont incalculables.

Ces difficultés proviennent-elles de la résistance de l'élément musulman? En aucune façon. Qu'importe aux sujets musulmans que les patriarches et les chefs des autres cultes soient élus à vie? que leurs pouvoirs spirituels soient régularisés? que les traitements proportionnels remplacent les impôts et les redevances religieuses, auxquels ils n'ont rien à voir? que les biens des autres églises que la leur soient administrés par un conseil et non par les prélats eux-mêmes, etc.?

Que leur importe? En quoi cela leur nuit-il, ou les touche-t-il? Qui profite du désordre, de l'anarchie religieuse des communautés chrétiennes et des autres cultes? Qui profite de l'application imparfaite ou irrégulière des priviléges, des immunités? Ce sont les chefs de ces communautés elles-mêmes; ce sont les clergés de ces diverses religions. Aussi, est-ce du côté de ces derniers que s'élève une résistance opiniâtre contre les intentions généreuses et désintéressées du Sultan.

Ceci n'est un mystère pour aucun de ceux qui connaissent l'Orient: les chefs des communautés religieuses font peser sur leurs coreligionnaires un joug écrasant. Ce sont toujours impôts nouveaux, redevances nou-

velles, souscriptions à couvrir, dons à faire, sacrements
à payer, dispenses, frais de culte, frais d'indulgences,
frais de pèlerinages et de prières imposés à des populations ignorantes. Ces populations, on les pousse ensuite
à accuser le Gouvernement Ottoman de ces actes qu'il
réprouve, qu'il condamne, et qu'il n'a aucun intérêt à
laisser subsister [1].

[1] Les exemples des exactions du clergé des églises d'Orient four-
millent sous notre plume; il en est un grand nombre que, pour
l'honneur du principe religieux, méconnu par des prélats indignes,
nous n'oserions citer. Nous croyons cependant nécessaire de men-
tionner, entre autres, un fait déjà ancien mais qui est de notoriété
publique, et qui donne une idée de la nature des coupables et hon-
teuses spéculations dont les populations chrétiennes d'Orient sont
victimes :

Il y a quelques années les habitants grecs des villages de Ismikt
(Nicomédie) firent construire à leurs frais une petite église, et sup-
plièrent le métropolitain de Nicomédie de venir l'inaugurer. Celui-ci
répondit qu'il ne se déplacerait que s'il lui était payé, comme
présent, une somme de sept mille sept cents piastres, somme qui,
du reste, ne lui était due à aucun titre.

Longtemps l'église achevée resta fermée au culte, à cause de
cette exigence exorbitante du prélat de la contrée. Enfin, désireux
de jouir du fruit de leurs économies et du travail de leurs propres
mains, les malheureux habitants, après avoir épuisé tous les
moyens de vaincre la résistance du prêtre, firent une nouvelle col-
lecte entre eux et réalisèrent à grand'peine la somme demandée.

Le métropolitain l'ayant reçue vint immédiatement inaugurer la
petite église. Et comme on lui demandait pourquoi il avait ré-
sisté, pour une somme d'argent, aux supplications de ces braves
paysans, il répondit? « Mon poste m'a coûté trop cher à obtenir à
« Constantinople pour que je puisse faire gratuitement rien de ce
« qui concerne mon ministère, je sais seul les dettes que j'ai con-
« tractées, pour l'obtenir, envers le patriarcat et le Saint-Sy-
« node. » — *Ab uno disce omnes.*

Les auteurs de ces exactions odieuses, accomplies
sous le couvert de la religion et de la foi, comprennent
bien que, du jour où les articles 2 et 3 du Hatt seront
appliqués ; où les chefs des églises auront des revenus
fixes ; les ministres du culte, des appointements ; les
biens cléricaux, des administrations ; ces désordres, ces
dilapidations devront cesser ; aussi n'est-il sorte d'obstacles qu'ils ne soulèvent pour les rendre inappli-
cables.

Afin de vaincre leur résistance, on a dû en venir à
une décision impériale, récemment émanée, ordonnant
la formation d'une assemblée, non pas exclusivement
composée des chefs des communautés à Constantinople,
mais formée aussi de députés élus par les populations
de toutes les provinces de l'Empire.

Cette assemblée, ainsi sagement et impartialement
constituée, sera appelée à choisir les moyens les plus
efficaces d'appliquer sans délai les améliorations promises, de perfectionner l'état des populations non-musulmanes, de sauvegarder les droits de tous, sans tou-
cher aux priviléges spirituels des églises des différents
cultes.

Cette assemblée avait besoin d'un règlement ; il est
terminé et a été publié à Constantinople. Cette année
même, elle devra se réunir et remplir les devoirs importants qui lui sont dévolus.

Le Gouvernement Turc pouvait-il choisir un procédé
plus pratique, plus sage, pour atteindre le but sans
blesser aucun intérêt religieux ?

Les articles 4, 5, 6, protégent la construction où la réparation des édifices destinés aux cultes, aux écoles, hôpitaux ou cimetières; autorisent les manifestations publiques de chaque culte, dans les localités où il n'y a point d'autre confession religieuse, et confirment l'appui du gouvernement pour en assurer le libre exercice. Ils promettent, en outre, à moins d'obstacles majeurs, les autorisations nécessaires pour la construction d'édifices nouveaux d'utilité publique.

Tous ces points sont déjà rigoureusement observés.

Pas une autorisation de construire, demandée en vertu des précédents articles, par des communautés religieuses au Gouvernement Impérial, n'a été refusée; aucune entrave n'est mise aux réparations, aux aménagements des édifices existants.

Les chrétiens sont encore particulièrement autorisés, dans les districts et les communes où ils habitent en majorité considérable, à sonner les cloches et à manifester leur religion comme il leur plaît. L'usage des cloches n'est interdit, en principe, que dans les lieux que les musulmans occupent en immense majorité; et encore, toutes les fois que la permission peut en être donnée sans inconvénients, elle est accordée.

Ne pouvons-nous pas d'ailleurs dire, en passant, que ce n'est point en Turquie seulement que quelques restrictions, nécessaires au repos public, sont apportées dans l'exercice extérieur des cultes? Comment le culte catholique se pratique-t-il en Angleterre? Comment ce même culte catholique, qui est en France la religion

dominante, qui a été si longtemps la religion de l'État,
s'exerce-t-il en France même? Combien de villes encore,
dont l'immense majorité est catholique, et où les
processions et les témoignages extérieurs des cultes
sont interdits? Comment le culte hébraïque se professe-
t-il dans tout l'Occident, en ce qui concerne ses pratiques extérieures ?

Les étrangers s'étonnent au spectacle touchant
des processions sortant librement dans Péra, des en-
terrements et des pompes du culte chrétien s'y établissant sans contrôle et sous la protection des autorités et de la police turque de ces quartiers.

Ne voit-on pas, depuis plusieurs années, aux processions de la Fête-Dieu à Bébeck, des troupes musulmanes
de l'artillerie de la garde rendre les honneurs mili-
taires au culte chrétien et former la haie au passage
du cortége?

On avouera tout au moins que cette tolérance res-
semble bien peu à l'antagonisme qui régnait en Occident à la vieille époque des guerres religieuses, qui ont
si longtemps ensanglanté l'Irlande, l'Allemagne, la
France. Qu'on cherche dans les annales de l'Empire
Turc. Y trouve-t-on une guerre des Albigeois, une
Saint-Barthélemy? Y voit-on des émigrations populai-
res et des ruines, comme celles qui suivirent la révo-
cation de l'édit de Nantes ?

En Turquie, depuis des siècles, tous les cultes s'exercent ouvertement; ils sont tous protégés par une tolérance universelle.

Les septième et huitième articles, portant l'abolition de toute distinction ou appellation, tendant à rendre une classe quelconque des sujets de l'Empire inférieure à une autre, ont reçu leur pleine et entière exécution.

Toute démarcation de nature à distinguer les classes à raison de leur culte, de leur langue ou de leur race, est à jamais effacée du protocole administratif.

Chacun est traité sur le pied d'une parfaite égalité et reçoit les titres et les honneurs dus à son rang ou à sa position officielle. Il suffit, pour s'en convaincre, de jeter les yeux sur les documents émanés de la Sublime Porte.

Des ordonnances ont été rendues pour défendre aux particuliers l'emploi de toute expression injurieuse ou blessante, provenant de la différence des races ou des religions. Toute contravention à ces ordonnances est punie avec sévérité.

Ce dernier genre de délit est du reste de moins en moins fréquent ; les relevés des tribunaux de police l'attestent ; et le temps suffira pour faire oublier ces distinctions barbares qui se sont produites à l'enfance de chaque peuple et qui se sont perpétuées jusqu'à sa civilisation.

Nous pourrions nous demander si, aujourd'hui encore, les livres imprimés en Occident contre les Turcs, les journaux publiés au centre de la civilisation ménagent aux musulmans les expressions « d'infidèles » et de « barbares » ; si, ceux qui professent la modération et la fusion des classes emploient, à l'égard des disciples de Mahomet, les appellations « tendant à effacer toute distinction de culte et de race. »

Mais pourquoi nous poser cette question? Il semble convenu qu'aucune licence n'est permise au peuple dont la complète civilisation préoccupe l'Europe, et qu'en revanche, tout est permis aux écrivains qui se posent comme les Catons du perfectionnement occidental.

C'est encore bien à tort, l'occasion vient de le prouver, qu'on a considéré le peuple musulman comme porté au prosélytisme et cherchant à augmenter, par les conquêtes comme par la violence, le nombre des Croyants en Mahomet.

L'article 9, faisant découler de la liberté des cultes l'obligation naturelle de ne contraindre personne à changer de religion, reçoit une application complète qui est accompagnée des précautions les plus sages. Car toute personne qui, de sa propre initiative, demande à abjurer, est envoyée devant un conseil mixte pour y être interrogée.

Là, elle est invitée à déclarer que sa volonté d'abandonner sa religion pour en embrasser une autre est formelle et spontanée. Elle est mise en rapport avec des parents et des amis, auxquels toutes les facilités possibles sont accordées pour la voir et pour lui faire des représentations conformes à la circonstance et propres à la dissuader.

Enfin, les scrupules de la Sublime Porte à cet égard sont tels, que, toutes les fois qu'un exemple de ce genre se produit dans les provinces, les rapports du conseil mixte, chargé de l'examen de l'affaire, sont envoyés à Constantinople et vérifiés avec soin par le Gouvernement Impérial, dont la ratification est nécessaire à l'accomplissement de l'abjuration.

L'admissibilité aux emplois publics, sans distinction de nationalité, conformément à l'article 10, existe déjà depuis longtemps dans l'Empire Turc.

Dans les bureaux mêmes de la Sublime Porte, dans les ambassades ottomanes à l'étranger, il existe une grande quantité de sujets chrétiens, catholiques, protestants, grecs et juifs. Plusieurs d'entre eux y occupent même des rangs élevés. Il est inutile de citer des noms. Tous ceux qui connaissent un peu le personnel des ministères, des ambassades et des chancelleries ottomanes, ont ces noms-là sur les lèvres. Ces fonctionnaires sont traités tout à fait à l'égal des musulmans, bien qu'observant ostensiblement leurs pratiques religieuses. Il y a plus : dans l'armée même, nous pourrions citer des chrétiens qui ont rang, grade et solde d'officiers et même de généraux.

Du reste, nulle part, il faut l'avouer à l'honneur de la Porte, on ne recherche les capacités avec plus d'empressement qu'en Turquie, et on les prend où on les trouve, sans conditions, sans contrainte.

En vertu de l'article 11, toujours étroitement observé, des places sont réservées dans les écoles du gou-

vernement aux sujets non-musulmans, au prorata du
nombre de ces sujets sur la population totale de l'Empire, et ces élèves sont nourris, vêtus et instruits aux
frais du Gouvernement Impérial, aussi bien que les
musulmans.

Pour ne donner qu'un seul exemple de l'application
du principe libéral qui préside en Turquie à la propagation de l'instruction publique, nous citerons l'École de médecine formée à Constantinople depuis quinze
ou vingt ans. Cette institution fournit un grand nombre de chirurgiens et de médecins dont une partie
notable sont des chrétiens et même des juifs. Les uns
et les autres exercent librement, en vertu de leurs
diplômes, dans les principales villes de l'Empire. Parmi
les chrétiens, quelques-uns sont chirurgiens dans l'armée, médecins des hôpitaux ottomans, soldés par le
gouvernement, et jouissent d'un rang militaire parfois équivalent au grade de général de brigade.

Dans les autres écoles du gouvernement, il en est de
même. On ne peut en citer aucune, à l'exception des
écoles de théologie, où l'on ne compte des chrétiens.

Il était nécessaire, pour répondre aux exigences de
l'article 12, qui autorise chaque communauté à établir
des écoles publiques de sciences, d'art et d'industrie, de
créer, pour contrôler cet enseignement, un conseil mixte
d'instruction publique. Ce conseil a été formé au ministère même qui dirige cette branche importante de la
civilisation du pays. Les membres de ce conseil ont été

nommés sur un ordre impérial du Sultan, et ils s'occupent aujourd'hui de régler les moyens les plus propres
à répandre parmi les sujets non-musulmans l'instruction et l'habitude du travail.

D'autre part, toutes les écoles que les différents
cultes ont voulu établir ont été autorisées. Il y a plus,
le gouvernement ne cesse d'encourager les communautés à entrer plus largement dans la voie de ces utiles
créations.

L'article 13 a rapport à l'importante institution des
tribunaux mixtes, auxquels doivent être déférées les
affaires commerciales, correctionnelles, criminelles,
qui se présentent entre les sujets musulmans et les
sujets non-musulmans, ou bien entre les sujets non-
musulmans des différents rites. Il est stipulé que l'au-
dience de ces tribunaux doit être publique, que le serment doit être prêté selon la loi religieuse de chaque
culte, et que les procès ayant trait aux affaires civiles
doivent toujours être jugés publiquement devant les
conseils mixtes des provinces, en présence du gouverneur et du juge des lieux.

Les instructions formulées par cet article, si digne
de considération, sont exécutées en ce qui concerne les
causes criminelles et les causes commerciales. En
effet, les affaires criminelles relèvent à Constantinople
du conseil mixte, créé depuis plusieurs années sous le
titre de *Zaptié-Medjilici ;* et dans les provinces, de conseils mixtes créés depuis la promulgation du *Hatti-*

Humayoun sous le nom de *Takick-Medjilici*. Les contestations commerciales sont déférées aux tribunaux mixtes de commerce formés, déjà depuis longtemps, à Constantinople et dans les principales villes sous le nom de *Tidjaret-Medjilici*. Ces divers tribunaux sont composés de membres des différents cultes élus suivant les spécifications du Hatt; et la sollicitude que le Gouvernement Impérial attache au perfectionnement de ces institutions utiles, se révèle par les travaux qui s'effectuent maintenant même. On s'occupe activement de la rédaction des codes de procédure et d'instruction criminelle, et l'on élabore en même temps un code de procédure commerciale à l'usage des tribunaux qui viennent d'être institués. Ce dernier code, presque terminé, est à la veille d'être publié.

On a pris pour base dans la rédaction de ces ouvrages importants les divers recueils de lois analogues qui sont en usage en Europe, en les adaptant, comme c'est indispensable, aux mœurs et aux usages du pays. Il suffit de se faire une idée de l'étendue du travail qu'exige cette œuvre complexe, dont la rédaction définitive doit être traduite en plusieurs langues, pour se rendre compte des retards inévitables qu'elle apporte à une exécution plus complète de l'article qui institue les tribunaux mixtes.

Quant aux affaires courantes, elles sont actuellement jugées par les conseils provinciaux ou commerciaux, et les règlements destinés à diriger les opérations de ces conseils sont sur le point d'être terminés.

Nous ne citerons que pour mémoire l'article 14, qui veut que les procès civils spéciaux entre les sujets des rites non-musulmans puissent à leur requête être renvoyés devant les conseils des patriarcats ou des communautés. Aucune demande à cet égard n'a été refusée par le gouvernement de la Sublime Porte, et les ordres expédiés dans les provinces à ce sujet ont partout été exécutés.

Tout ce qui concerne la codification des lois spéciales, correctionnelles, commerciales, la publication de ces lois, la réforme du système pénitentiaire et les peines corporelles, est consigné dans l'article 15 du Hatt.

Les travaux considérables exigés par cet article sont tous en cours d'exécution. Un code de lois criminelles, formé des meilleurs principes légaux recueillis dans les législations des différents peuples de l'Europe et mis en rapport avec les nécessités et les traditions du pays, est à l'étude et sera bientôt achevé et publié.

Le code de lois commerciales est terminé et à la veille de sa publication.

Pour ce qui regarde le régime pénitentiaire, le Gouvernement Impérial, craignant de ne pas avoir entre les mains tous les éléments nécessaires, a mandé d'Angleterre un employé supérieur spécial pour la réorganisation des prisons. Ainsi, pendant qu'une commission particulière s'occupe de rédiger le règlement d'un nouveau système pénitentiaire, ce fonctionnaire étranger fait dresser les plans des maisons d'arrêt et de détention, d'après les modèles les plus adoptés.

Dès cette année même, on commencera à Constantinople la construction des prisons de cette capitale; et les fonds reconnus nécessaires à ces travaux, d'après les devis estimatifs soumis au gouvernement, ont déjà été alloués et réservés.

La fin de l'article 15 porte, ainsi que nous l'avons dit, sur l'application des peines corporelles. Il est inutile de dire que depuis longtemps la torture est interdite de la manière la plus positive par les lois, et que, même dans les provinces les plus reculées de l'Empire, elle ne saurait être impunément appliquée.

La Sublime Porte a usé, pour la réorganisation de la police de la capitale, exigée d'après l'article 16, du même procédé qu'elle a employé pour la réorganisation du système pénitentiaire. Elle a utilisé les services d'un officier de la gendarmerie française, et c'est sur les plans de ce fonctionnaire qu'une commission, déjà formée, s'occupe de la rédaction d'un règlement de police uniforme pour toute l'étendue de l'Empire, et dont l'exécution sera d'abord confiée, à titre d'essai, à la gendarmerie de la capitale.

L'article 17, conforme à la charte de Gulhané, établit que les sujets chrétiens et des autres rites non-musulmans doivent satisfaire aux obligations de la loi du recrutement. Il admet le principe de remplacement, et veut qu'une loi complète sur le mode d'admission et de service des sujets chrétiens dans l'armée soit publiée au plus tôt.

Déjà, depuis longtemps, nous le répétons, un grand nombre de chrétiens et de sujets de différents rites sont admis, sur engagement volontaire, dans l'armée. Ils y jouissent, depuis les rangs les plus élevés jusqu'aux rangs les plus modestes, de leur solde et de leur ration, tout comme les autres sujets musulmans.

Mais pour satisfaire au vœu de l'article 17 du Hatt, les chrétiens doivent être soumis à la conscription aussi bien que les musulmans : or l'on concevra facilement que, pour que la conscription puisse avoir lieu sur des bases équitables, un recensement général de toute la population soit nécessaire.

Les ordres ont été donnés déjà pour effectuer simultanément ce recensement dans toutes les provinces, et ce n'est que lorsqu'on en connaîtra le résultat qu'il sera possible de déterminer exactement le chiffre du contingent chrétien.

Si l'on se reporte au dernier recensement fait dans l'Empire, on peut déjà, approximativement, connaître dans quelle proportion les chrétiens auront à satisfaire à la loi du recrutement.

L'armée musulmane, d'après la législation militaire actuelle, a besoin, pour être maintenue sur le pied ordinaire de paix, d'un contingent annuel de 50,000 conscrits. Sur ces 50,000 soldats, la population non-musulmane, d'après le rapport qui existe entre elle et la population musulmane, doit en fournir 16,000.

Ce dernier chiffre seul suffit à prouver la fausseté de l'allégation de ceux qui prétendent que la population chrétienne est plus nombreuse que la population musulmane de l'Empire. En effet, si l'on jette un coup d'œil sur les tableaux statistiques les plus exagérés dans ce sens, on y voit figurer 14 millions de chrétiens, tant Bulgares que Serbes, Roumains, Grecs et Arméniens, contre 19 millions de musulmans.

Or, les Serbes et les Roumains ayant, en vertu des priviléges dont ils jouissent, leur milice séparée, ne fournissent pas de recrues à l'armée ottomane. Il y a donc environ 6 millions à déduire des 14. Resteraient, même d'après les statistiques européennes, 19 millions de musulmans contre 8 millions de chrétiens. D'autre part, les statistiques ottomanes témoignent que ce chiffre de 19 millions est fort au-dessous de la vérité. Quant aux juifs et aux idolâtres, ils forment un effectif de fort peu d'importance.

D'après les dernières résolutions du Gouvernement Ottoman, sur les 16,000 hommes formant le contingent chrétien, 3,500 devront servir effectivement, et les autres seront admis à fournir des remplaçants, au prix de 5,000 piastres par tête.

Ce prix de 5,000 piastres, représentant environ 800 fr., est également payé par les recrues musulmanes qui se font remplacer. De plus, afin de faciliter aux sujets non-musulmans l'exonération du service militaire, sans faire peser sur chacun d'eux la charge trop lourde d'un remplacement individuel, le gouvernement laisse les com-

munautés libres de répartir entre elles le prix total du
remplacement, en proportion de la fortune de chacun
de leurs membres. Cette mesure allègera considéra-
blement cette charge des sujets non-musulmans, sans
porter préjudice à l'économie de la loi.

Le simple exposé que nous venons de faire des résolutions de la Sublime Porte prouve qu'elle est bien
éloignée d'être, à l'égard des sujets chrétiens de l'Empire, en ce qui concerne leur admission dans l'armée,
dans les dispositions défavorables où quelques organes
de la presse d'Occident s'obstinent à la représenter.

Si la Sublime Porte a laissé aux chrétiens non-musulmans de larges moyens de s'exonérer du service militaire, ce n'est pas qu'elle craigne de voir sous les
armes un nombre considérable de sujets ne professant
pas la religion de l'Islamisme. Ceux-ci, elle en est bien
convaincue, en cas de guerre, en cas d'invasion, seront
aussi dévoués à la défense du pays que les croyants
en Mahomet. N'auront-ils pas à protéger comme eux
leur propriété, leur foyer, leur famille? Ne sont-ils
pas attachés par des liens séculaires à l'Empire, et
croit-on qu'ils rêvent une domination autre que celle
dans laquelle leurs intérêts sont, comme aujourd'hui,
si pleinement et si largement sauvegardés ?

Mais, habitué depuis des siècles à ne pas porter les
armes, le chrétien d'Orient se livre particulièrement à
la vie de famille, au commerce, à l'industrie, à l'agriculture. Priver un père de ses fils par les rigueurs
d'une loi de recrutement plus étroite, ce serait sus-

citer dans l'Empire des plaintes, des murmures dont
ne se font pas l'idée ceux qui écrivent en Occident sur
des questions aussi délicates.

Le musulman est naturellement soldat; la guerre est
dans ses traditions et dans ses mœurs; chez lui les liens
de la famille sont moins étroits peut-être que chez le
chrétien ; il souffre moins aussi des exigences du service de l'armée.

C'est donc bien contre le bonheur des chrétiens que
l'on milite, quand on réclame pour eux une plus large
part dans les appels faits sous les drapeaux. Longtemps
encore les juifs, les arméniens, les grecs chercheront à
s'affranchir d'une charge qu'ils n'ont pas l'habitude
de supporter ; et si des restrictions plus sévères étaient
apportées à la loi actuelle, ce seraient eux-mêmes qui
réclameraient le concours de la presse pour s'en faire
exonérer.

Nous ne saurions partager sur cette question les faux
élans de patriotisme qui inspirent certains auteurs
grecs. D'après eux, la Sublime Porte, au lieu de préle-
ver sur les chrétiens qui ne veulent pas servir un
droit de remplacement, devrait, pour l'honneur du principe, faire conduire de force les recrues qui seraient
tombées au sort et les enrôler, ne fût-ce que pour donner
un exemple de son impartialité envers tous ses sujets.
Nous croyons qu'elle a, bien au contraire, donné aux
chrétiens un plus grand témoignage de sa sollicitude
paternelle, en respectant, dans la mesure du possible,
leurs traditions, leur habitude de la paix et les suscep-

tibilités qui pourraient peut-être les empêcher de servir avec bonne volonté sous les drapeaux de l'Empire.

En opposant une contre-partie à ce qui se dit aujour-
d'hui en Europe, nous pouvons nous demander quelles
plaintes on n'aurait pas formulées si le gouvernement
de la Sublime Porte, contrairement à sa conduite
pleine de modération, avait agi d'après les principes de
ces auteurs chrétiens, fanatiques et impitoyables, et
même d'après les vues, plus modérées sans doute, de
M. Saint-Marc Girardin.

La réforme de la composition des conseils provinciaux et communaux, prévue par l'art. 18, s'effectue
graduellement. Les dispositions arrêtées par le Gouvernement Impérial à cet égard feront partie d'un
travail général destiné à garantir la sincérité des
choix des délégués des communautés, ainsi que la liberté des votes dans ces conseils.

L'article 19, autorisant les étrangers à posséder des
propriétés foncières dans l'intérieur des États du Sultan,
sous la double réserve qu'ils aient à se conformer aux
lois, à acquitter les mêmes charges que les indigènes,
et que des arrangements aient eu lieu avec les Puissances étrangères, est naturellement réservé dans son
exécution.

Tant que les étrangers pourront jouir des priviléges
exceptionnels que leur accordent les traités avec les
Puissances européennes, il sera absolument impos-.

sible au Gouvernement Impérial de leur accorder le
droit de propriété. En effet, la législation admise par
les *Capitulations* stipule que « chaque nationalité sera
administrée par son ambassade ou son consulat res-
pectif, sans tenir compte des lois du pays » ; elle rend
ainsi les sujets étrangers absolument indépendants de
la Porte et les place sous la protection directe d'agents
diplomatiques qui, faute de restrictions suffisantes
dans les lois turques, peuvent défendre sans aucun
contrôle les intérêts de leurs nationaux. Accorder
aujourd'hui à un étranger le droit de posséder des
propriétés immobilières, ce serait créer aux nationalités étrangères, dans toute l'étendue de l'Empire,
autant de pied-à-terre inviolables : positions placées
en dehors du droit commun, aussi inattaquables qu'un
consulat, aussi à l'abri de toute atteinte légale; ce
serait littéralement vendre par morceaux la patrie à
l'étranger.

Si une raison aussi grave que celle que nous venons
d'énoncer ne suffisait pas pour faire comprendre que
la Sublime Porte ne peut en aucune manière, avant
que les modifications prévues ne soient effectuées,
appliquer l'article 19, nous pourrions encore mettre
en lumière une autre cause des plus légitimes de la
réserve de la Porte à cet égard.

Aujourd'hui il entre, on ne saurait le nier, dans les
vues de quelques gouvernements d'autoriser leurs
consuls à accorder très-facilement la nationalité
à des sujets ottomans; et les consuls ne perdent, en

effet, aucune occasion d'augmenter le nombre de leurs protégés. Ce qui empêche un grand nombre de sujets non-musulmans de l'Empire de profiter de la facilité qui leur est offerte pour passer sous une juridiction étrangère, c'est qu'en perdant leur titre de sujets ottomans, ils perdent également le droit de posséder des biens-fonds. Le jour où cette faculté de posséder sera accordée par le gouvernement aux sujets étrangers, rien ne retiendra plus ceux qui voudront abandonner leur nationalité ottomane pour se placer sous la juridiction étrangère, qui aura à leurs yeux le double avantage de leur conserver leurs droits en les exonérant d'autre part de toutes les charges de l'État, et en particulier de celle du service militaire, auxquelles ils se soustrairont ainsi sans effort.

Les Puissances ne peuvent manquer de comprendre que la Porte ne saurait accepter une semblable alternative. Du reste, tous les articles du Hatt et l'art. 19 en particulier protestent d'eux-mêmes contre le maintien des *Capitulations*, incompatibles avec les réformes importantes qu'il contient. Les *Capitulations* n'ont été concédées aux Puissances europénnes par la Porte qu'à cause de l'absence même des garanties que le Hatt est venu si libéralement octroyer à tous les sujets de l'Empire sans distinction. Et si la Turquie n'a pas demandé, à l'époque où ces traités ont été passés, la réciprocité pour ses nationaux, c'est qu'elle comptait pour eux sur la sagesse et l'impartialité des législations étrangères. Aujourd'hui que, par la promulgation du

Hatti-Humayoun, elle s'est placée sur le même pied que ces nations, il est tout naturel qu'elle attende comme une chose qui lui est due, et comme le corollaire indispensable de ses projets de réformes, la radiation « de ces conventions protectrices, » désormais sans but et sans objet.

La régularisation de l'impôt et son égale répartition, qui font l'objet des articles 20 et 21, préoccupent aussi très-sérieusement le Gouvernement Impérial. Divers projets de réforme lui ont été soumis tendant à rendre plus régulière la perception des deniers de l'État. Ceux de ces projets auxquels le gouvernement attache le plus de prix ont pour but d'arriver par une répartition plus équitable et plus complète des impôts, et par une perception fidèle et consciencieuse, à une diminution des charges individuelles, en même temps qu'à une augmentation notable, sans aucun doute, des chapitres des recettes du budget.

L'expérience dit que, pour asseoir l'impôt foncier d'une manière régulière et invariable, il est de toute importance de faire dresser les plans du cadastre de l'Empire. Déjà dans quelques localités les études cadastrales ont été effectuées, et l'administration supérieure va en profiter immédiatement pour faire l'essai de nouveaux systèmes de perception. Si l'un des plans que la Sublime Porte a mis à l'étude réussit, il en sera fait l'application dans toute l'étendue de l'Empire, dès que les longs travaux du cadastre général le permettront.

Du reste, malgré les retards inévitables nécessités par ces essais préparatoires et le relèvement des plans d'un aussi vaste territoire, déjà des améliorations importantes ont été introduites dans la perception des dîmes et des impôts secondaires. Ainsi, par exemple, dans une grande partie de la Roumélie, on percevait la dîme sur les moutons en nature pour l'entretien du corps d'armée de Constantinople. Dès cette année, pour arrêter les abus qui s'étaient introduits dans cette perception, on a établi un droit fixe calculé sur le produit moyen des années précédentes, et l'on a aboli les autres impositions qui pesaient, sous différentes dénominations, sur cette partie importante des revenus agricoles de l'État. Les populations de la Roumélie ont si bien apprécié les avantages qui ressortaient pour elles d'une réforme économique si utile, qu'elles se sont empressées de faire parvenir, à ce sujet, des adresses de remercîment au Sultan et au Gouvernement Impérial.

C'est ainsi qu'un grand nombre d'améliorations du même genre s'appliquent chaque jour, toutes les fois qu'elles peuvent se concilier avec les grands travaux qui s'effectuent.

Cependant le gouvernement ne peut songer, conformément aux vues de l'article 22, à doter le chapitre des travaux d'utilité publique d'une subvention convenable, et à faire concourir, par des impositions spéciales, les provinces appelées à jouir de l'établissement

des voies de communication, avant d'avoir complète-
ment régularisé son système d'impôts. Ayant le désir,
malgré ces entraves, d'avancer le plus rapidement possible, l'administration supérieure a déjà organisé un
conseil mixte, sous le nom de Conseil des ponts et
chaussées. Cette commission, composée d'ingénieurs
turcs et européens, a élaboré actuellement les projets de travaux publics auxquels le gouvernement
doit contribuer et fixé, dans ses rapports, la part qui
doit être fournie par l'État et la part pour laquelle les
provinces doivent y contribuer, soit en argent, soit par
des prestations en nature.

On le voit, tout s'enchaîne dans cet ensemble de réformes et de perfectionnements, chaque article du Hatt
se complète l'un par l'autre.

Ainsi, la formation d'un budget annuel de recettes
et de dépenses est un usage déjà existant en Turquie,
et pourtant la publication de ce budget, stipulée dans
l'article 23, ne peut guère être faite avec fruit, au moment où de graves et nombreuses modifications sont
en voie d'exécution, aussi bien dans les divers chapitres
des recettes que dans ceux des dépenses.

Quant à la question de la révision des traitements af-
fectés à chaque emploi dans l'administration, on peut
la considérer comme devant trouver sa solution dans
les vérifications et les recherches ordonnées aujourd'hui
par la Porte.

Les prescriptions des articles 24, 25 et 26, qui ont trait à une innovation capitale, et dont l'exécution n'exigeait pas de longueurs préliminaires, ont pu être appliquées sans aucun délai ; les chefs spirituels et un délégué laïque de chaque communauté non-musulmane sont invités à assister à toutes les séances du Conseil suprême de justice dans lesquelles on traite des affaires d'intérêt général ou financier. Chaque membre du Conseil a droit d'exprimer son opinion, et afin de leur laisser pleine et entière liberté, on a adopté pour les votes le mode du scrutin secret.

Les lois contre la corruption, la concussion, ont été rétablies dans toute leur vigueur, et l'on pourrait citer un grand nombre d'exemples récents qui témoignent qu'elles sont appliquées à tous les sujets de l'Empire, quelles que soient leur classe ou la nature de leurs fonctions.

Le vingt septième et dernier article du Hatti-Humayoun s'occupe de la création de banques et d'autres institutions analogues, pour arriver à la réforme du système monétaire et financier. Il prévoit également l'établissement de routes, de canaux, l'abolition de tout ce qui peut entraver le commerce ou l'agriculture, et laisse au gouvernement, pour arriver à ce but, la liberté de mettre à profit la science et les capitaux de l'Europe.

On rendra cette justice aux hommes d'État de la Turquie, qu'ils n'ont pas perdu de vue un seul instant, dans les relations considérables que des circonstances

politiques les ont mis à même de nouer avec les divers
États Occidentaux, les idées larges et civilisatrices ex-
primées sous forme de vœu dans le dernier paragraphe
de la charte généreuse et libérale octroyée par le
Sultan à ses peuples.

A côté des questions d'un intérêt politique immédiat
que les Plénipotentiaires de la Sublime Porte ont eu
comme premier devoir de sauvegarder, ils se sont attachés chaque jour, pendant la durée des premières et
des dernières Conférences de Paris, à recueillir avec
soin au sein de l'Occident toutes les lumières propres
à hâter, par des moyens rapides, le développement
des progrès de l'Empire.

D'ailleurs, tous les hommes d'État de l'Europe, sans
distinction de parti politique, ont été unanimes à rendre
cette justice aux Plénipotentiaires qui ont représenté la
Turquie à ces divers Congrès, qu'ils se sont montrés à
la fois défenseurs dévoués et invariables des droits de
leur patrie, et partisans intelligents et sincères des réformes utiles et libérales. Notre intention n'est pas ici
de donner une place à leur éloge. Le nom d'Aali-Pacha,
grand vizir aujourd'hui, celui de Fuad-Pacha, ministre
des affaires étrangères, appartiennent désormais à l'histoire de leur pays, et resteront attachés à la période la
plus difficile et sans doute la plus féconde que la
Turquie ait jusqu'à présent traversée.

En jetant maintenant un coup d'œil général sur
l'ensemble des articles du Hatt que nous avons relevés
un par un, il sera facile de reconnaître que les sujets
non-musulmans commencent à jouir d'une partie des
avantages accordés par cet acte important; que, de
toutes parts on travaille, dans l'étendue de l'Empire,
à aplanir les dernières difficultés s'opposant à la pleine
et entière exécution des articles qui ne sont point encore
en vigueur; que le Gouvernement Impérial rencontre,
sur divers points, plus de résistance dans l'élément
chrétien lui-même que dans l'élément musulman.

Avec la manière sage et sûre dont procède la Sublime Porte dans l'accomplissement de la noble tâche
qu'elle s'est imposée, toutes les réformes marchent ensemble, toutes les améliorations vont éclore graduellement. Ainsi, l'on évitera ces secousses dangereuses
qui, en ébranlant l'Empire Ottoman, ébranleraient
l'Europe entière. On conjurera les collisions sanglan-
tes que les ennemis de la Turquie prophétisent avec
une cruelle complaisance; on apaisera les craintes et
on maintiendra la confiance dans le peuple Turc.

Avant de blâmer la marche suivie aujourd'hui, nous
invitons les détracteurs des hommes d'État actuels de
la Turquie à reporter leurs regards de quelques années
en arrière. Ils nous diront ensuite, en juges impartiaux, s'il existe en Europe et dans le monde entier un
autre pays où la civilisation ait avancé plus vite depuis
vingt ans; s'il était possible au gouvernement qui dirige ces populations si diverses de marcher, sans dan-

ger, plus rapidement vers le progrès. Que d'années, que de révolutions et que de sang ont coûté à la France, à l'Angleterre, à l'Allemagne, les modifications intérieures qui s'effectuent insensiblement, jour par jour, dans l'Empire Ottoman ?

Pourra-t-on faire un crime au Sultan d'opérer pacifiquement de larges conquêtes sociales, et de conjurer lés fureurs d'un 93, en préparant, par des voies plus douces, la période des bienfaits qui découlent pour les peuples de ces horribles crises?

Nous n'avons plus qu'un mot à dire en finissant ce rapide travail : si les uns accusent le gouvernement du Sultan de ne pas appliquer la réforme, les autres, prenant une autre voie pour atteindre le même but, paraissent rendre justice aux hommes d'État de la Turquie, mais se retournent contre le peuple musulman et le représentent comme réfractaire à toute civilisation, apathique par nature, indifférent au bien, fataliste et essentiellement impropre à l'industrie, au commerce, à ces transactions et à ces rapports quotidiens qui policent les nations et les fusionnent sans efforts.

Plusieurs auteurs se sont plu à peindre les musulmans, sous cet aspect, avec des couleurs empruntées à la plus capricieuse fantaisie.

Une simple observation répondra à ces publicistes : Comment feront-ils accorder cette prétendue apathie,

cette indifférence, cet esprit fataliste, avec le « fanatisme musulman » dont quelques feuilles font tant
de bruit? Comment peuvent-ils même parler de ce
fanatisme, quand ils voient que dans le berceau de l'Islamisme tous les rites sont admis avec des droits
égaux, que l'exercice public de tous les cultes est accepté, tandis que dans des pays tout chrétiens, comme
la Grèce, par exemple, le fanatisme religieux contre
les musulmans, contre les sectes dissidentes, contre les
juifs, ne connaît pas de bornes[1]?

[1] Jamais les intrigues des agents secrets, soudoyés par les ennemis de la Turquie, ne s'étaient révélées avec plus de force que pendant ces dernières années, et surtout maintenant que tous les intérêts de l'Empire Ottoman viennent d'être définitivement remis en
discussion sur le tapis des Conférences européennes. Ces agitateurs
politiques, institués pour créer des difficultés à la Sublime Porte,
pour inspirer la haine et la défiance contre elle aux populations,
ont redoublé d'efforts et d'activité. Ils sont habilement secondés
dans leur odieuse mission par certains organes de la presse européenne, subventionnés largement pour attaquer et calomnier à la
journée le Gouvernement Turc. Nous ne saurions exprimer les re-
grets qu'éprouvent tous les hommes honnêtes et impartiaux, en
constatant que souvent la partie saine de la presse européenne se
laisse prendre à des manœuvres dont une douloureuse expérience a
donné le secret à la Turquie. Ainsi, ne voit-on pas des feuilles graves
recueillir les articles de la presse hellénique et leur accorder sans
contrôle une large publicité, quand elles devraient au moins se
souvenir que cette presse, systématiquement hostile à la Sublime
Porte, calomnie sans fondement et de parti pris les hommes du
Gouvernement Turc, et travaille sourdement à semer la désaffection
parmi les populations non-musulmanes.

La presse française ne peut ignorer que ces organes des
Hétairies Helléniques n'aspirent qu'à la dissolution de l'Empire
et rêvent toujours de restituer Sainte-Sophie au culte grec. Ces

Si les Turcs ne sont ni industriels, ni commerçants, ni attachés étroitement aux progrès financiers et matériels dont ils ne semblent encore comprendre complétement les avantages, ni pour leur personne, ni pour leur patrie, c'est que depuis longtemps l'esprit du peuple musulman avait pris, par la force des événements, une direction opposée. Attachés à la guerre ou au gouvernement, successivement administrateurs ou soldats, c'est dans l'administration et dans la guerre qu'on peut reconnaître le dévouement des musulmans à la patrie et au Souverain, leur zèle, leur capacité, leur courage.

Les chrétiens, au contraire, éloignés longtemps des fonctions publiques et des rangs de l'armée, ont reporté leur activité sur le commerce, l'industrie, l'agriculture.

De là vient la distinction fictive que l'on cherche à établir entre les facultés des uns et des autres. On oublie ainsi d'observer que, s'il est difficile de trouver en Turquie un Turc susceptible de diriger habilement

Hétairies et cette presse ne manquent pas de moyens d'action ; elles sont soutenues par une association secrète, à laquelle prennent part presque toutes les maisons grecques et chiotes des principales capitales de l'Europe, qui soutiennent silencieusement l'œuvre commune. Ces maisons, qu'un travail patient et un commerce étendu ont rendues influentes par leur position et leur fortune, fournissent des fonds aux Hétairies, secondent leurs efforts, se font les complices continuels de la propagande odieuse dont l'Empire Turc est victime ; et l'on ne saurait trop déplorer la complaisance fatale qui leur fait trouver, au sein des nations les plus éclairées et les plus impartiales, un aussi facile écho.

une entreprise commerciale, il serait, en revanche, presque impossible d'y trouver un chrétien capable de remplir les conditions nécessaires pour faire un bon administrateur ou un bon militaire.

Cette appréciation n'a rien d'absolu de notre part, car l'expérience démontre qu'aujourd'hui encore, il est impossible de confier à un autre qu'à un musulman la haute direction d'une branche administrative.

Si ce n'est pas la capacité qui manque au chrétien, c'est l'expérience des affaires, c'est la connaissance des intérêts divers de l'Empire, l'habitude de peser ces intérêts avec discernement, au milieu de tous les conflits des différentes races.

En résumé, il est vrai de dire que parmi ces intrigues innombrables et ces influences multiples qui divisent les communautés, les patriarcats, les consulats, les nationalités jalouses, l'élément turc reste encore l'élément impartial, la clef de voûte sur laquelle repose ce vaste édifice, et qui lui sert de base solide et fidèle.

On se récriera, en Occident, contre cette affirmation. On la trouvera paradoxale, exagérée, inventée pour les besoins de la cause.

Ceux qui se récrieront n'ont pas étudié l'économie intérieure de l'Empire.

Que demain il plaise au Sultan de nommer un haut fonctionnaire chrétien, ministre des affaires étrangères ou ministre des cultes; si ce chrétien est du rit grec, les chefs des communautés arméniennes, catholiques, protestantes, juives, etc., ne manqueront pas de faire entendre des plaintes amères. C'est de leur côté que viendront les intrigues, que se réchaufferont les passions appelées à paralyser les plus courageux efforts du ministre choisi. Si ce ministre est arménien, l'opposition viendra du patriarcat grec, et les autres rites non-musulmans se porteront, selon le mouvement des jalousies et des haines, dans l'un ou l'autre parti.

Le Gouvernement Impérial n'a-t-il pas fait l'expérience de ces déplorables conflits, par le choix de quelques fonctionnaires chrétiens, dans les provinces? A peine l'un d'entre eux était-il nommé, que tout le reste de la population, même de rit non-musulman, redemandait un Turc :

« Puisque ce n'est pas l'un des nôtres, s'écriaient
« les sujets non-musulmans appartenant aux autres
« religions que celle du fonctionnaire chrétien nommé ;
« puisque ce n'est pas l'un des nôtres qui est désigné,
« il vaut mieux qu'il n'y en ait aucun ; un Turc au
« moins pourra être juste ! »

Il nous semble que cette réponse bien simple réfute en trois lignes les plus savants articles de M. Saint-Marc Girardin.

Veut-on un exemple :

Lors de l'arrangement de l'affaire du Liban, la montagne fut divisée en deux parties : l'une réservée aux Maronites , l'autre laissée aux Druses.

Ces deux subdivisions territoriales relevaient de l'autorité de deux Caïmacans distincts nommés par la Sublime Porte.

Le Gouvernement Impérial, dans sa haute tolérance, choisit chacun des Caïmacans parmi leurs coreligionnaires.

Qui réclama contre le choix fait par la Porte d'un Caïmacan catholique du côté des Maronites?

Ce furent les chrétiens grecs ; les mêmes qui voient aujourd'hui les chrétiens d'Occident demander la consécration la plus ample de leurs priviléges?

Les chrétiens grecs sollicitèrent à grands cris que, du côté catholique, on installât un Caïmacan turc ; et celui des Cabinets Européens qui paraît avoir le plus à cœur le sort des chrétiens soutint vigoureusement cette réclamation.

Il y aurait, du reste, une expérience convaincante à tenter à ce sujet, si la chose était possible, expérience dont nous connaissons bien certainement par avance le résultat.

Il faudrait qu'on pût laisser faire librement et largement, dans un district de l'Empire, l'élection d'un Gouverneur, en laissant aux électeurs le droit de choisir leur candidat dans n'importe quel rit musulman ou non-musulman. Et si une fois, deux fois, dix fois, un musulman était nommé dans les quelques districts mêmes où les sujets non-musulmans sont en grande majorité, qu'aurait-on à répondre à cette preuve aussi palpable de ce que nous avons avancé tout à l'heure, à savoir que l'élément turc est encore en Orient le seul élément, neutre, impartial et solide?

Quel vertige pousse donc certains politiques à vouloir arracher du sein de l'Europe une des plus vieilles nationalités qui y ait pris racine?

Par quelle aberration singulière invoquent-ils, pour pousser au démembrement de la Turquie, les mêmes nécessités sociales et civilisatrices, les mêmes exigences de l'équilibre européen, qui ont décidé les Puissances alliées à prendre héroïquement sa défense. La marche toujours uniforme, toujours logique depuis des siècles, des événements politiques est-elle tout à coup détournée?

Que veulent donc faire ces utopistes réformateurs avec les débris de la Turquie? Établiront-ils un ensemble d'institutions qui soit plus en rapport, que ne l'est maintenant la constitution de l'Empire, avec les droits internationaux, avec les garanties de soutien et de sécurité réciproques, que tous les peuples se doivent aujourd'hui?

On peut considérer qu'il y a en Europe trois sortes d'Empire : l'Empire homogène, formé comme la France d'une seule nation compacte, unie, ayant une origine, une religion, une langue communes; l'Empire fédératif, dont l'Allemagne nous offre la formule, composé de nationalités distinctes, de races séparées dans l'origine, mais depuis groupées sous les mêmes drapeaux par la force des intérêts identiques; enfin, l'Empire des communautés, que représente l'Empire Ottoman.

Cette dernière forme d'unité nationale est la seule qui puisse convenir à la Turquie, la seule qui s'accorde avec les exigences de sa constitution intérieure, avec les lois générales et égalitaires de progrès, dont son Chef auguste a posé les bases.

En effet, un Empire homogène est impossible en Turquie. Pour le former, il faut que la religion, les mœurs, les races, les langues, soient les mêmes chez l'immense majorité de ses sujets. Il n'en est point ainsi.

Aussi inaugurerait-elle radicalement ce système, que l'Europe entière crierait à l'absorption, à la tyrannie !

Un mode d'Empire fédératif n'est pas plus applicable ; car, outre les grandes divisions qui se partagent l'Empire Ottoman, il y a des subdivisions nombreuses et des mélanges variés de sectes, de races, de rites.

Ainsi la Bulgarie n'est point comme la Hongrie, la Pologne, une nationalité une et compacte, de même origine et de même culte, qui pourrait constituer une des parties d'un Empire fédératif.

Cette province se compose de plusieurs nationalités distinctes, de plusieurs sectes, et chacune doit être également représentée au point de vue de ses intérêts privés ou municipaux. La Bulgarie renferme des Bulgares, des musulmans, des catholiques, des grecs, des arméniens, des juifs. Les uns ou les autres occupent le plus souvent des villages séparés. Là, les institutions municipales sont enracinées. Les villes et les villages sont régis par les anciens, choisis par les habitants eux-mêmes, formant ainsi des conseils où tous les intérêts sont représentés. Il appartient aux gouverneurs des différentes parties de chaque province, de diriger avec impartialité l'exercice de tous ces droits, et le Gouvernement Turc a compris que sa mission la plus sage et la plus féconde était de s'attacher à la haute surveillance de ces directions diverses.

Où se trouve la place pour une confédération, de quelque nature qu'elle soit, dans cet état actuel des peuples en Orient?

Toute confédération ne devra-t-elle pas commencer par l'organisation des communautés, organisation que réalise d'elle-même la constitution actuelle de l'Empire Ottoman?

Sachons donc reconnaître que, dans l'économie générale des nations européennes, la Turquie occupe une place absolument utile et légitime.

Le moment est-il bien venu de la discuter, au lendemain des jours de victoire qui la lui ont définitivement acquise?

Laissons, bien au contraire, avancer pas à pas ce nouveau peuple régénéré, et que l'Occident continue à lui donner la main.

Si la Providence a permis que la Turquie pût s'asseoir, à l'égal des grandes puissances, au concert européen, si telle a été sa volonté, c'est que la régénération complète de ce vaste empire entre dans ses mystérieux desseins, car la Providence ne saurait se démentir.

Les amis véritables de la Turquie peuvent donc avoir confiance.

L'heure est passée, où l'on pouvait remettre en question l'existence et le développement du grand peuple d'Orient. Aujourd'hui ce peuple est en marche. Le bras de Dieu, après avoir soutenu ses armes, s'est levé pour le diriger : il ne le frappera pas !

Paris. — Imprimé chez Bonaventure et Ducessois, 55, quai des Augustins.

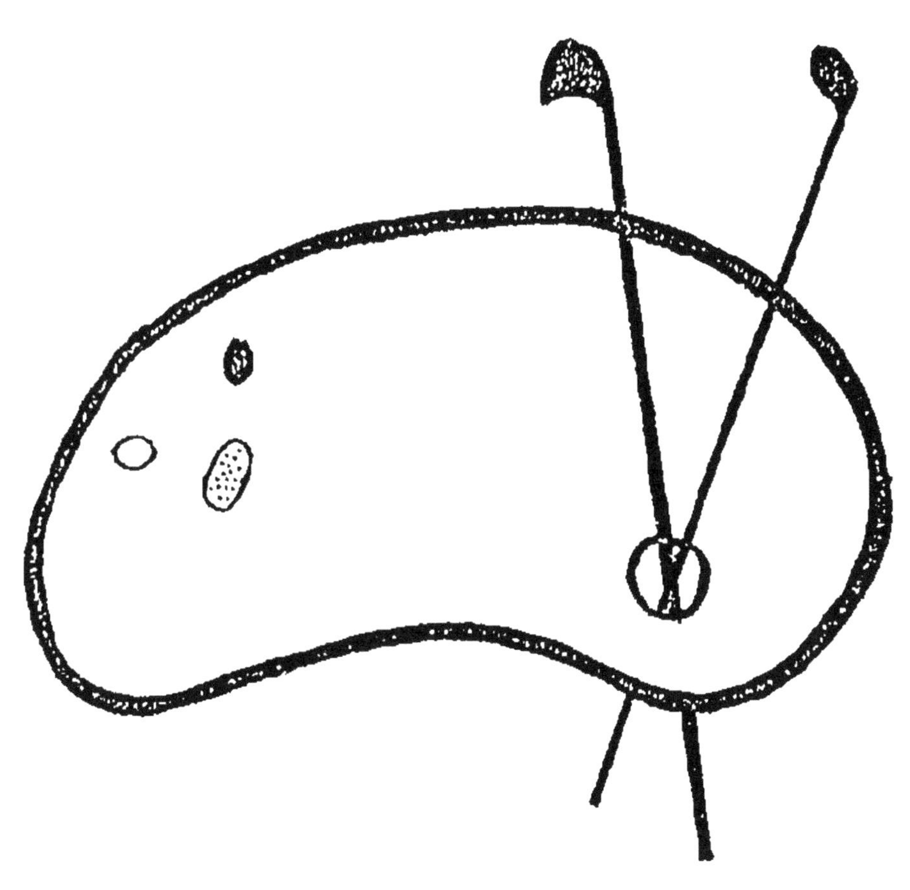

9 782016 156117